講談社文庫

忌み地 弐

怪談社奇聞録

福澤徹三｜糸柳寿昭

講談社

本書にはプライベートな情報が含まれています。
個人や物件の特定、興味本位の干渉はご遠慮ください。

目次

怪談社奇聞録
忌み地
弐

まえがき

怪談社は糸柳寿昭《しやなとしあき》と上間月貴《かみまつきたか》の両名を中心に怪談実話を蒐集《しゅうしゅう》し、全国各地でのトークイベントの開催や書籍の刊行をおこなう団体である。

本書は糸柳と上間が蒐集した怪談実話を、取材のプロセスを含めてわたしが書き起こすという構成になっている。そうなったいきさつについては前巻の『忌み地　怪談社奇聞録』をご覧いただきたい。

前巻ではタイトルどおり土地や場所にまつわる話を中心に収録し、おおむね好評をいただいた。できれば本書もおなじコンセプトで進めたかったが、取材は運に左右されるから、必要とする話が集まってくるとは限らない。

そのうえ新型コロナウイルスの感染拡大によって、年明けから取材が困難になった。冒頭からいいわけがましくて恐縮だが、そうした理由から本書では間口を広くとって、土地や場所がらみではない話も数多く収録した。

これを書いている現在、世界はコロナ禍の真《ま》っ只中《ただなか》にある。本書が刊行される頃には終息していることを切に願うが、いまの状況からすると、まだ尾をひいている可能性が高い。

未知のウイルスに感染する恐怖、自粛による経済破綻の恐怖。

未曾有の恐怖の前では怪談実話の怖さなど、まことにもってささやかだ。超自然的なものを怖がるには、想像力と精神的なゆとりが必要である。重大な危機に瀕《ひん》しているとき、ひとはみな現実にむきあい保身に努めざるをえない。

けれどもコロナ禍が終息するしないにかかわらず、われわれの未来にはあまねく死が待っている。死は極めて個人的な体験である。一族郎党に臨終をみとられようと、追悼パレードがおこなわれようと、死は誰とも共有できない。

そしてその先は、誰にもわからない。

怪異の体験者もまた、誰とも共有できない記憶を持っている。他人からすれば荒唐無稽であっても、体験者にとっては切実な恐怖である。わたしは超自然的な現象について肯定も否定もしない立場だが、いまはそういうものを信じたい。なぜならば死が身近に感じられるときこそ、その先を恐れ、かつ愉《たの》しみたいからだ。

本書に収録された各話は実話に基づくが、体験者のプライバシーや現実の事件との関係を考慮して、人物の設定やその背景に若干の変更を加えてある。また実名を記しても近隣への影響がないと判断した場所以外はイニシャル表記とした。

取材にご協力いただいた多くの皆様をはじめ、講談社文庫出版部の髙橋典彦《のりひこ》さんに心より厚く御礼《おれい》を申しあげる。

鳥居の写真

一月上旬、糸柳宛にLさんという女性からメールが届いた。

メールには画像が添付されていて、変な写真が撮れたのでさしあげます、と書いてあった。Lさんは怪談社のイベントの常連客だが、メールをもらったのははじめてだった。

「こういう仕事しとるから、その手の写真はようさん送られてくるねん。ただ、ほとんどは気のせいって感じやね」

Lさんから送られてきた写真には、神社の鳥居と参道らしい石畳が写っていた。日中に撮ったらしく陽射《ひざ》しが明るい。一見なんの変哲もないが、よく見ると鳥居のむこう――石畳の上に黒っぽい影がある。なにかと思ってパソコンで拡大したら、それはちいさな人影だった。

「なんでか知らんけど、珍しくぞっとした。で、Lさんに連絡をとったら――」

Lさんはその日、買物にいった帰りに神社の前を通りかかった。参道の脇では大学生らしい若者が数人、ふざけてゴミを投げあっていた。マナーが悪いなと思いつつ鳥居の前まできたとき、不意に背筋がひやりとした。

鳥居のむこうに、なにかがいる。

そんな気がしてスマホで撮影したら、この人影が写ったという。むろん撮影時には誰もいなかった。子どもにしてはちいさすぎるし、どことなくバランスがおかしい。

Lさんにどこの神社か訊《き》くと、K市だと答えた。K市はわたしの地元で、前巻では糸柳もたびたび取材に訪れた。

「それまで知らんやったけど、LさんもK市に住んでるて。またK市かと思うた」

糸柳は怪談社のスタッフに写真を渡し、くわしく調べるよう頼んだ。

翌日、スタッフは画質を補正した写真を糸柳に見せて、

「この影、鳥居とくらべてちいさすぎるけど、やっぱり子どもみたいですね」

画質が補正されたせいで人影の輪郭がはっきりした。スタッフは続けて、

「それに、もうひとりいます」

いわれてみれば、ちいさな影のそばに女らしき人影が写っていた。女は赤い着物姿に見える。どちらも表情はさだかでないが、顔はおなじ方向をむいている。

「Lさんに連絡して、その方向になにがあったか訊いた。そしたら、そっちにはゴミ投げとった大学生がおったらしい」

ふたつの人影は大学生たちを見ていたのか。そもそも人影の正体はなんなのか。

その神社は地元とあって、わたしも何度か訪れているが、怪異の噂《うわさ》は耳にしない。

ただ、行きつけの店でこの写真を見せると、従業員が一様に怖がる。

「これ、いまの時代のひとじゃないですよ」

ある女性はそういったが、むろん真相はわからない。

15　鳥居の写真

風の音

六月の夜、糸柳は都内のあるバーで呑《の》んでいた。取材が目的ではなかったが、隣の席にいた三十代後半くらいの女性が従業員の男性にむかって、

「最近、また金縛りになるのよ」

といった。その従業員は怪談社のことを知っているだけに、

「またその話？　それなら、このひとに聞いてもらいなよ」

糸柳を顎でしゃくった。

飲食店ではこれと似たようなきっかけで取材につながることが多い。さっそく話を聞いてみると、彼女が金縛りに遭うようになったのは二年前からだという。

その夜、彼女が自分の部屋で寝ていると、同居している母に揺り起こされた。どうしたのかと思ったら、母は険しい表情で、

「週に何度かでいいから、ちゃんと仏壇に手をあわせなさい」

「――はあ？　どういうこと？」

意味がわからず眼《め》をしばたたいた。

「いいから、そうしなさい」

母は強い口調でいって部屋をでていった。

布団から軀《からだ》を起こして枕元のスマホを見ると、午前三時だった。

母はどうしてこんな時間にあんなことをいいにきたのか。

仏壇には彼女が大学生のときに亡くなった父の位牌《いはい》がある。たしかに最近拝んでいないが、母はふだん信心深いわけではない。

「いったい、なんなんだろ」

彼女は奇妙に思った。けれども早く寝ないと仕事に差し支える。ふたたび布団に入って目蓋を閉じた。そのとき、わけもなく背筋がぞっとした。

驚いて目蓋を開けた。

暗い天井がぼんやり見えるだけだが、なにかが部屋にいるような気がする。

そんなはずはないと思いつつ、布団から起きあがろうとした。

が、軀がまったく動かない。かろうじて動かせるのは眼だけだ。それまで金縛りに遭ったことなどなかったから、たまらなく怖い。

なんとか軀を動かそうと必死で力んでいるうちに意識が途切れた。

眼を覚ますと朝だった。

室内にはなんの異状もなく、ゆうべの金縛りは夢だったように思えた。母が妙なことをいったせいで魘《うな》されたのかもしれない。母はキッチンで朝食を作っていた。

「ゆうべのことなんだけどさあ——」

彼女がそう問いただすと、母は怪訝《けげん》な表情で、

「なにいってんの。夢でも見たんでしょ」

午前三時にはぐっすり寝ていて、彼女の部屋にはいってないという。金縛りは夢だとしても、母が部屋にきたのはまちがいない。彼女はそう訴えたが、

「真夜中に仏壇拝めなんていわないわよ」

母が嘘《うそ》をついている気配はないし、嘘をつく必要もない。

すると誰が自分を揺り起こしたのか。

「あんたが仏壇拝んでないから、おとうさんに後ろめたくて、そんな夢を見たんじゃない？」

彼女は納得できなかったが、それ以外に説明がつかない。金縛りに遭ったのは、き

っと仕事で疲れているせいだろう。すべては夢だったのだと自分にいい聞かせた。

ところが、その日から毎晩金縛りに遭うようになった。母にそれをいうと、

「おとうさんがさびしがってるのかもよ。たまにはお参りしたら？」

そんなものは迷信だと思ったが、ひさしぶりに母とならんで仏壇の前で膝をそろえた。母が線香をあげ、鈴《りん》を鳴らした。目蓋を閉じて合掌したとたん、

ごおーッ。

耳元で猛烈な風が吹くような音がした。彼女は思わず飛びあがった。風のような音を聞いたのは自分だけではないらしく、母も眼を大きく見開いている。

「なに？　いまの音――」

母は答えずに仏壇を見つめていたが、不意にうなずいて、

「わかったッ」

大声をあげた。

なにがわかったの、と彼女は訊いた。母は無言で腰をあげた。彼女は気になって、おなじ質問を繰りかえしたが、母はどういうわけか口をつぐんだままだった。

その夜から金縛りはぴたりとやんだ。

仏壇に手をあわせたおかげかどうかはともかく、彼女はほっとした。

それから数日後の夜、仕事から帰ってくると母が床に倒れていた。あわてて救急車を呼んだが、すでに息はなかった。死因は心筋梗塞である。

母が亡くなって彼女はひとり暮らしになった。

ひとりでの生活に慣れてきた頃、また金縛りに遭うようになった。そういえば忙しさにかまけて、しばらく仏壇にお参りしていない。

ある夜、寝る前に仏壇の前で手をあわせたら、

ごおーッ。

耳元で以前とおなじ風のような音がした。

この音は、いったいなんなのか。ひとり暮らしとあって前に聞いたときより怖かったが、その夜から金縛りはおさまった。

「でも、すこし経《た》ったら、また金縛りに遭うの」

と彼女はいった。仏壇を拝んでも耳元で風のような音が聞こえないときは、金縛りが続く。風のような音が聞こえたときは、ひとまず金縛りがおさまる。

「それは、なんなんでしょうね」

糸柳が訊くと、彼女は首をかしげて、

「さあ——もしかしたら風の音じゃないのかも」

はじめて金縛りに遭った夜、母はやはり自分の部屋にきたのではないか。

いま考えたらそんな気がする、と彼女はいった。

不審火

怪談社のトークイベントでは、糸柳と上間が終演後に観客の見送りをする。

「そのときにお客さんから、自分もこういう話がありますよ、てよういわれる。けど、あいさつで忙しいから、ツイッターで連絡してくださいてお願いするねん」

去年の八月上旬、イベントの終演後に見送りをしていると、観客に声をかけられた。Dさんというその男性は、警官の話がありますよ、という。

「警察がらみの話はアタリが多いから、じっくり聞きたかった」

糸柳は日をあらためて取材しようと思ったが、スケジュールがあわずラインのビデオ通話で話を聞くことになった。

Dさんは埼玉県のO市に住んでいる。

半年ほど前の寒い夜だった。仕事を終えて自宅に帰ると、きょうの午後、近所のアパートで火事があったと妻から聞いた。夜のジョギングが習慣のDさんは、走るついでにそのアパートへいってみた。

アパートは二階建てだが、二階がえぐれたように焼け落ちていて、あたりに異臭が漂っていた。アパートのそばには二十代なかばくらいの警官が寒そうに立っている。

一時間ほどジョギングをしてもどってくると、警官はまだおなじ場所にいる。あるいは放火なのかと思って声をかけた。警官によれば、出火の原因は漏電で死傷者はいないらしい。

「でも現場検証が終わるまで、誰かがアパートを荒らさないよう見張ってるんです」

「そうなんだあ。この寒いのに大変ですね」

警官と立ち話をしていたら、小雨《こさめ》が降りはじめた。

もう帰ろうと思ったとき、アパートの二階に大きな人影が見えた。人影はすぐに見えなくなったが、警官もそれに気づいたようで二階に視線をむけている。

「いま、誰かいましたよね」

警官は軽く溜息《ためいき》をついて、

「――いないんですよ」

「え？　でも見たでしょう。いま大きな人影が動いてましたよね」

「さっきから、ずっとそうなんです。だけど、見にいっても誰もいない」

「そんな——」

あのう、と警官はいって、

「ご近所にお住まいなんですよね。このアパートって変な噂とかありました？」

「変な噂とは？」

「たとえば幽霊がでるとか——」

思わず警官の顔を見たら、唇がぶるぶる震えていた。

そのアパートの火災は事故として処理されたが、あの人影がなんだったのか、いまでも気になるという。

過去帳

　糸柳と上間はタレントの狩野英孝《かのえいこう》が司会を務めるCSテレビ番組「怪談のシーハナ聞かせてよ。第弐章」にレギュラー出演している。去年の九月、糸柳と上間は番組の収録で岩手県の遠野市へいった。

　現地ではその場で怪談を取材するという企画があり、上間はスタッフたちと通行人に声をかけた。途中で寄った道の駅で取材していると、売店の中年女性がときどき妙な夢を見るといった。

　最近見た夢には、見おぼえのない老人があらわれた。はじめは坐《すわ》っていた老人が立ちあがるというだけの夢だが、なぜか自分の先祖のように思えた。

　気になって墓参りにいくと、墓石の横にあるちいさな五輪塔が眼にとまった。五輪塔は彼女が物心ついたときから、そこにある。いままでは墓石と一緒に掃除していたものの、これといって印象はなかった。

にもかかわらず、五輪塔になにかあるように思える。

掃除をしながら五輪塔に眼を凝らすと、台座に引出しがあるのに気づいた。大昔から使われていないようで開けるのに苦労したが、なかにはぼろぼろに朽ちた過去帳が入っていた。過去帳には先祖の戒名や俗名、享年などが克明に記されていた。

身内の誰も過去帳の存在は知らなかっただけに、夢で見た老人は先祖にちがいないと思った。もっとも彼女は見知らぬ老人の夢をしばしば見る。

「おっかねぁのは、年寄《としよ》りがすこだま（たくさん）でる夢だあ」

夢に老人が何人もあらわれたときは、決まって親戚の誰かが亡くなるという。

残像

二月上旬、糸柳はイベントを観《み》にきた男性から、あるビルの話を聞いた。

そのビルは大阪のM駅の近くにあって、過去に男性の飛びおり自殺があった。それが原因なのか、いまでも夕方になると、ビルの屋上から男が飛びおりるのが見える。何人もがそれを目撃して、付近では噂になっているらしい。

「ビルの場所聞いたから、大阪へ取材いったときに寄ってみた。けど、そのビルめっちゃ低いから、とても飛びおりするとは思えん」

日本唯一の事故物件公示サイト「大島てる」で調べても、そこでの事件や事故は記されていない。ただ、すこし離れたところに飛びおり自殺が起きたビルがあった。

噂になっているのは、こっちのビルではないか。そう思って足をむけたが、なぜか道に迷ってたどり着けない。

「ＧＰＳの位置情報はずれとるし、急に雨が降りだした。結局そのビルにいくのはあきらめたけど、宿もとってないから最悪やったわ」

やっとの思いで見つけたホテルにチェックインすると、室内は古びてわびしい雰囲気だった。ぼんやりテレビを観たが、むだ足を踏んだのが悔しくて落ちつかない。

「もしかしたら、このホテルがいわくつきやないかと思うて、ネットで調べてみた」

しかし、なんの情報もヒットしない。さすがにあきらめかけたとき、怪談社のイベントで知りあったAさんという女性が近くに住んでいるのを思いだした。

「その子のおかあさんがバーをやってるねん」

Aさんの母親と面識はないが、店名は聞いている。どうせひまだから、そこで呑むことにしてホテルをでた。糸柳がその店で呑んでいると、経営者である母親が、

「なんで、うちの店にこられたんですか」

一見の客はきそうもない雰囲気だから不審に思ったらしい。実は娘さんに聞いたと答えたら、母親は止めるのも聞かず、すぐさまAさんに電話した。

やがてAさんは妹とふたりで店にきた。なにか取材につながる話が聞きたかったが、ふたりともだいぶ酔っている。そろそろホテルにもどろうと思ったら、

「幽霊みたいなん、見たことあるで」

と妹がいった。彼女は以前、愛知県T市のマンションに住んでいた。

そのマンションに引っ越してまもない夜だった。

寝苦しさに眼を覚ますと金縛りに遭った。目蓋や眼球は動かせるが、軀はまったく力が入らない。金縛りに遭ったのははじめてだけに焦っていたら、足元でなにかが動いた。そこに眼を凝らしたとたん、ぎょっとした。

「男が女のひとにのしかかって、両手で首絞めてるの」

怖くて眼をつぶったら、自分の顔が意思とは無関係に動きだした。見えない誰かに顎をつかまれたような感触で、じわじわと顔がのけぞっていく。

「あたしも首絞められるんか思うて、眼ェ開けたら——」

さっきの男がロープで首を吊《つ》って、ゆらゆら揺れていた。

彼女は目蓋を硬く閉じて恐怖に耐えた。

気がつくと窓の外が明るくなっていて、金縛りも解けていた。

後日、近くの住人に聞いたところでは、数年前、彼女が住んでいた部屋で男が女性を絞め殺したあと自殺したという。

M霊園

青森県にM霊園という広大な墓地がある。

春は桜の名所として花見客でにぎわうが、歴史のある墓地の常として怪異が起きるという噂も多い。ネット上では霊園内の花壇を三周すると、四《よ》つん這《ば》いの女が追いかけてくるとか、桜並木の下に女の幽霊がいるとか、血まみれの男がジョギングをしているとか、さまざまな噂がある。

怪談社にもM霊園にまつわる話がいくつか寄せられた。どれもありがちなので取材には至らなかったが、去年の春にすこし気になる情報を耳にした。

「Kていう友だちとひさしぶりに会《お》うたら、M霊園で妙なことがあったらしい」

Kさんは仕事で青森へいったとき、若者たち八人と酒を呑んだ。

まだ雪が残る季節だったが、酔った若者の提案でM霊園へ肝試しにいった。車二台に分乗し、酒を呑まないふたりが運転した。

M霊園に着くと、入口の駐車場に車を停《と》めた。管理事務所がそばにあったが、遅い時間とあって明かりは消えている。一行は霊園のなかをあてもなく歩きまわった。

広い霊園なので敷地《しきち》のなかにバス停がある。思いつきできただけに懐中電灯はひとつしかなく、それなりに不気味だが、なにも起こらない。

「ぼちぼち帰ろうか」

Kさんがそういって、一行はもときた方向へひきかえした。バス停のそばを通りかかったとき、ちょっとあれ見て、とひとりが叫んで道路脇を指さした。

そこにはスノーポールと呼ばれる竹の棒が一定の間隔でいくつもならんでいる。スノーポールとは積雪が多い地域で路肩の位置を示す標識だが、そのなかの一本がメトロノームのように左右に揺れている。

「あれ、なんで揺れてるの？」

不思議に思って近づいても、スノーポールは動き続けている。男性のひとりが棒を握り締めると、ようやく止まった。

しかし手を離すと、またぐわんぐわんと揺れる。地面が震動しているわけではなく、風もない。一本だけ揺れるのは不自然だった。

「なんか気味が悪い。もういこうよ」

棒を握った男性がそういって足早に歩きだした。

駐車場までもどってくると、管理事務所の明かりがついていた。みんなで騒いだせいで、どこからかクレームがきたのかもしれない。

Kさんたちは急いで車に乗りこんだ。肝試しのせいで軀が冷えきっている。霊園をでたあと、温かいものが飲みたくてファミレスに寄った。

さっきの出来事をファミレスで喋《しゃべ》っていると、管理事務所の明かりについて意見がわかれた。Kさんを含めた五人はまちがいなく明かりを見たが、残りの四人は見ていない。管理事務所は霊園に着いたときとおなじで真っ暗だったという。

「それじゃあ、あの明かりはなんだったんだ」

「照明がついたり消えたりしたのかも――」

そんな会話をしていたら、さっき霊園でスノーポールを握った男性が青ざめているのに気づいた。どうしたのか訊くと、

「実は――あの棒を握ったとき、一瞬だけ見えた」

「なにが？」

「男の子が棒をつかんでたのが――にたにた笑ってた」

糸柳がKさんから話を聞いたあと、浅草で怪談社のイベントがあった。

終演後に見送りをしていたら、青森からきたNさんという男性がM霊園で不思議なことがあったという。しかし見送りで忙しくて詳細は聞けない。

「なんべんもM霊園の話聞くから、ちょっと気になって三月に青森までいった」

糸柳は青森の居酒屋でNさんと会った。その席にはNさんの兄と姉もいた。

去年の秋、Nさんたち三人は大叔父の墓参りでM霊園にいった。

M霊園には遠い親戚の墓もいくつかあるが、霊園が広いうえに墓の場所がまちまちだから探すのに苦労する。そのせいで最近は参拝していない。

「せっかくだから、きょうはお参りしていこうよ」

姉の提案で遠い親戚の墓にも参拝することになった。

墓の場所がわかるNさんが案内したが、墓地区画が一万六千を超える広さだから、すぐには見つからない。姉はまた参拝にきたとき迷わないよう、写真を撮りたいといった。

「お墓の写真なんか撮っちゃまずいかな」

「いいんじゃないの。遊びで撮るんじゃないから」

「そうだよね。じゃ撮っちゃおう」

姉はスマホで遠い親戚の墓や周辺の景色を撮りはじめた。とたんに、あッと叫んだ。どういうわけか、スマホの画面がノイズだらけで紫色になっている。

「やっぱり撮っちゃだめなんだ。ごめんなさい、ごめんなさい――」

姉は顔色を変えて撮影を中止した。

家に帰ってネットで調べたら、その機種はトラブルが多いとあったので、きっとそのせいだと思った。けれども、おなじようなノイズが入った例はなく、ショップの従業員に訊いても原因は不明だった。姉はいまもおなじスマホを使っているが、それっきり不具合はないという。

翌日、糸柳はひとりでM霊園にいった。

三月の青森はまだ冬の気配が濃いが、今年は暖冬とあって雪はすくなかった。駅から徒歩でM霊園に入ると、ひとまず写真を撮った。

「なんかありそうな場所を撮るけど、そう簡単に怪しいもんは写らんね」

ネットの噂にあった花壇を、むだとは思いつつ三周してみた。当然のようになにも起こらない。誰かに話を聞きたいが、参拝客の多くは車で霊園内を移動している。

あたりをうろついていたら、二十代なかばくらいの男性がひとりで佇《たたず》んでいた。

「こんにちは。本の取材できたんですが、ちょっとよろしいですか」

糸柳が声をかけると、男性は愛想よく答えた。

「はい、なんでしょう」

「きょうはお墓参りですか」

「ええ。両親と一緒に」

それにしては両親の姿がないが、糸柳はさっそく本題に入って、

「ここは若いひとが肝試しにくるようですね」

「ええ。ぼくも学生の頃に何度かきました」

「そのときに、なにか変わったことは？」

「ぼくはないですけど、むつ市の友だちが夜中に肝試しにきて、子どもの幽霊を見たといってました」

子どもは切株《きりかぶ》の上で膝を抱えて、じっとこちらを見ていた。

肝試しにいった仲間は全員それを見たから、悲鳴をあげて逃げだしたという。もっとくわしく聞きたかったが、ちょうど両親があらわれたので話はそこで終わった。

「両親からごっつ不審な眼で見られた。まあ当然やけど——」

糸柳は子どもが坐っていたという切株を探したが、切株はたくさんあるので、どれ

だかわからない。

あきらめて霊園の出口にきたとき、管理事務所に取材してみようと思った。管理事務所に入ると、受付に中年の女性がいた。

糸柳は本の取材だと前置きしてから、M霊園の歴史について訊いた。M霊園のことは下調べしてあるから、あらためて訊く必要はないが、いきなり怪談めいたことをいうと警戒される。あたりさわりのない質問のあと、

「さっき参拝客のかたに聞いたけど、若いひとが肝試しにくるそうですね」

「はい。ゴミを散らかすので困ります」

「ほかにはなにか？」

「なにかとは？」

なんとかして狙った方向へ話を持っていきたいが、女性も糸柳を警戒しているようで、訊いたことしか答えてくれない。そのときKさんから聞いた話を思いだして、

「あの――この事務所は夜はどなたかいるんでしょうか」

「誰もいません。みんな夕方には帰るので」

「真夜中に、ここの明かりがついてたって話を聞いたんですけど――」

「それはないです」

あっさり断言されて落胆したが、同時に投げやりな気分になった。

「ここって、幽霊がでたりしないですか」

思いきってストレートな質問をぶつけると、女性は眉をひそめて、

「でないと思います。でも――」

「でも？」

糸柳はおうむがえしにいって次の言葉を待った。

「前にここで働いてた何人かはそういうことをいって、すぐに辞めました」

「幽霊がでると？」

「ええ。窓から誰かが覗《のぞ》くとか、妙な気配がするとか――それとバス停に幽霊がいるといったひともいました」

バス停の幽霊と聞いて、スノーポールをつかんでいたという子どもを連想した。

「その幽霊って子どもですか」

「いえ、そのひとは、おかあさんっていってました」

「おかあさん？　なんでそういったんでしょう」

「わかりません。でも、そのひとはおかあさんがひとりでいたと――」

「子連れでもないのに、おかあさんって呼ぶのは変ですね」

「そういえば――そうですね」

女性はなにかを思いだしたように天井の隅に眼をやった。糸柳は彼女を不安がらせたくなくて、礼をいって管理事務所をでた。

駅へむかって歩きだしたとき、路肩の木の枝が一本だけぶるぶる揺れていた。写真を撮ろうとスマホをかまえたら、ぴたりと揺れがおさまったという。

林のなかの煙

M霊園での体験を取材したNさんの兄の話である。

彼は小学校の頃、林間学校で弘前《ひろさき》の寺へいった。その日の夕方、寺の石段をみんなでのぼっていたら、すぐそばの林のなかを白い煙のようなものが移動していた。

それは大人くらいの大きさで、一緒にいた全員が目撃した。

みんなで立ち止まって見ていたら、煙のようなものは木々のあいだを縫って動いていくと、突然消えた。

「うわッ」

数人が大声をあげた。煙のようなものは形がはっきりしていなかったが、みんなは幽霊だといって、ひとしきり騒ぎになった。もっとも当時は奇妙なものを見ただけで、さして怖いとは思わなかった。

後年、その寺は幽霊画を所蔵しているので有名だと知った。

壁のシミ

前述のNさん一家は四十年近く前、函館《はこだて》に住んでいた。

函館に引っ越した当初、住む予定だった社宅の完成が遅れたせいで、近所のアパートにひと月ほど泊まった。父親が勤める会社が用意したアパートだったが、

「夜になると、壁に男の顔が浮かんでくるんです」

男は四十がらみで無表情だ。もっとも、その顔はNさんにしか見えない。

「両親に話したら、壁のシミだっていわれました」

Nさんがそういうと姉がかぶりを振って、

「壁にシミなんかなかったよ。眼の錯覚でしょ」

「錯覚じゃない。古いアパートだったからシミくらいあるだろうけど」

「ぜんぜん古くないよ。新しくてきれいなアパートだったじゃない」

「おれもシミを見た記憶はないな」

と兄がいった。でも、とNさんはいって、

「だったら、おやじとおふくろがシミだっていうのはおかしいよ」

「それもそうだけど――」

Nさんの記憶は、なぜか兄と姉の記憶と異なっている。

ただNさんの記憶ちがいとはいいきれない出来事もある。Nさん一家が社宅に移ったあと、その部屋に住んだのは父親とおなじ会社に勤めていた親戚の男性だった。

その男性は引っ越してまもなくNさん宅にきて、

「あそこに住んでから毎晩魘される。前になんかあった部屋じゃないか」

と訊いた。両親はなにもないと答えた。Nさんも顔のことは口にできなかった。

その後、親戚の男性はお祓《はら》いをしたが、効果がなかったのか、まもなく引っ越したという。

行軍訓練

その日、上間はイベントで使う機材を買いに秋葉原へむかっていた。

神田を通って万世橋のそばまでくると、路地の一角に奇妙な看板があった。

黄色に塗った板に赤いペンキで「警告　ここはトイレではありません。大便や小便をする人は、男女に関係なく、顔・股間の写真・動画映像を永久公開します。」と大書してある。

それが気になって店のなかを覗くと、そこは自販機コーナーだった。

自販機の窓には飲料水や食品や菓子や玩具がとりとめもなくならんでおり、店主が書いたらしい異様な文言が至るところに貼ってある。

「落書きしたら指を切り落とすとか、毎日毎日地震ですとか、すっぽんで二発、赤まむしで三発とか、もうカオスなんです」

自販機にはおみくじや非常用の蠟燭《ろうそく》、コピー用紙で包んだ中身のわからない箱もたくさん入っている。店内では二十代前半くらいの男性がふたり、その箱を覗きこんでいた。謎の箱は四百九十円だ。

「それって、なにが入ってるんだろ」

「さあ——」

「わかりません」

上間が声をかけると、ふたりは笑顔で答えた。

「おもしろそうだけど、買うのを迷ってるんです。けっこう値段高いし」

上間も中身が気になるから、買ってみなよ、といって五百円玉を渡した。ふたりは喜んで謎の箱を買った。

コピー用紙の包みには「××は内定自体のデータを本人の同意や承諾印もとらず、××は企業にデータを500万円で売っていた。なにからなにまでビッグデータにとりこまれ——」と印刷してあった。××は有名な就職情報サイトとその系列の人材紹介会社である。不穏な文章に反して、箱の中身は駄菓子だった。

「なあんだ」

三人は笑った。

「でも、おもしろかったです」

「うん。なにがでてくるか、どきどきした」

ふたりは眼を輝かせていった。

こういうことをおもしろがれるなら、怪談にも興味があるかもしれない。上間は自分の職業を明かし、なにか怖い話や不思議な話を知らないか訊いた。すると男性のひとりが去年、不可解な体験をしたという。


当時、彼は陸上自衛隊員で九州のある部隊に所属していた。その日は深夜に行軍訓練があり、十人ほどの部隊は重い装備を背負って山のなかを歩いていた。

真っ暗な森を進んでいくと、午前二時に彼の無線機がザザッと受信音をたてた。ちょうど定時連絡の時間だけに作戦本部からだと思ったが、

「うあああああーッ」

無線機から聞こえてきたのは、得体のしれない女の叫び声だった。

それがあまりに大きくて部隊全員が足を止めた。叫び声は数秒で聞こえなくなったが、こんどは小声でなにかをつぶやいている。つぶやきは意味不明で音量をあげても聞きとれない。二分ほどして、ようやくつぶやきはやんだ。

「こんなことは、はじめてだ。噂でも聞いたことがない」

隊長は夜目にも青ざめた顔でいった。

近くにほかの部隊はいないし、行軍訓練に女性は参加していない。ほかの隊員たちも一様におびえていた。

そのあとすぐに作戦本部から定時連絡があったが、隊長の判断で女の叫び声については報告しなかった。


それからひと月後、彼は突然下半身が麻痺《まひ》して入院した。発病率が十万人にひとりという極めて稀《まれ》な疾患である。症状は急速に悪化し、一時は人工呼吸器が必要になった。幸い完治はしたが、体力的に自衛隊は続けられず除隊した。

「そんな病気になったのは、あの叫び声が関係あるように思うんです。あれを受信したのは部隊のなかで、ぼくだけですし」

彼はくれぐれも自分や所属部隊が特定されないように書いて欲しいといった。

路傍の石

去年の五月、上間はイベントやテレビ収録に協力してもらえる寺を探しに雑司《ぞうし》が谷《や》へいった。候補の寺はピックアップしてあるが、どこも面識はない。

「だから事前にそのお寺の様子を知りたくて、近所のひとに声をかけました」

池袋から雑司が谷へむかって歩いていたとき、地元の住民らしい六十がらみの男性がいた。男性にイベントができそうな寺はないか訊くと、

「なんのイベント？」

怪談です、と答えたら、彼は笑顔になって自分も好きだといった。

「怪談って、お岩さんとか、そういうの？」

「いえ、現代の怪談実話です」

「へえ、それなら、わたしもあるよ。ずいぶん昔の話だけど」

男性が中学二年の秋だった。

おなじクラスにCくんという友人がいた。Cくんは陽気な性格で、当時人気だったマンガの「おそ松くん」やコメディアンの植木等《うえきひとし》のものまねをして、いつもみんなを笑わせていた。

ある日の放課後、Cくんとふたりで下校していると、道ばたに卵くらいの大きさの石があった。なんの変哲もない石だが、なぜか気になって足を止めた。

Cくんも気になるらしく、ふたりで石を覗きこんだ。

そのとき石がきらりと光ったと思うと、まるい火の玉が浮かびあがった。

「うわッ」

「なんだこれ?」

ふたりは思わずあとずさったが、火の玉はふわふわ飛んで、こっちに近づいてくる。まるで意思を持っているような動きが怖くて、あわてて逃げだした。

けれども火の玉は執拗《しつよう》にあとを追ってくる。

夢中で走っていたら、いつもCくんと別れる丁字路にきた。ふたりはさよならをいうのも忘れて、それぞれの家へむかって走った。

途中で振りかえったら、火の玉はCくんのあとを追っていく。自分のほうにこなかったのに安堵《あんど》したが、Cくんのことが心配だった。

　翌日、Cくんはいつもどおり登校してきた。

ただ雰囲気が一変していた。外見はおなじなのに別人のような印象だ。丁字路で別れたあと、なにかあったのか。きのうのことを恐る恐る話したら、

「ああ、怖かったね。あれ、なんだったんだろう」

とCくんはいったが、やはりふだんとちがう。そのせいで雰囲気が変わったことや火の玉が彼のあとをついていったことはいえなかった。

　Cくんの変化は著しく、その日から冗談ひとついわなくなった。得意だったものまねもいっさいせず、猛勉強をはじめた。下校の際は一緒に帰るが、会話は弾まない。三年生になってCくんとはべつのクラスになり、そのまま疎遠になった。

　それから三十年ほど経って、中学の同窓会があった。

学年全体の同窓会とあってCくんも参加していて、ふたりはひさしぶりに顔をあわせた。その席でCくんがあの石のことを口にした。

　あのときはいえなかったけど、とCくんは前置きして、

「走って帰る途中で後ろを見たら、おまえのあとを火の玉がついていった。だから、すごく心配だったんだ。しかも次の日、学校にいったら、おまえが別人みたいになってて――」

Cくんが自分とまったくおなじ体験をしていたことに驚いた。

「あのとき、おれも後ろを見たんだ。そしたら、おまえのあとを火の玉がついていったぞ。それからおまえは性格が変わってガリ勉になった」

彼はそういったが、Cくんは性格が変わったおぼえはないという。その場でしばらく話したが、どちらが正しいのかわからずじまいだった。

「もしかしたら、わたしもあの日から性格が変わったのかもしれん」

そういう自覚はまったくないけどね、と男性はいった。

住職の体験

　上間は雑司が谷に着いて目的の寺を訪れた。

　本堂の座敷《ざしき》に通され、住職と座卓をはさんでむかいあった。さっそく用件を切りだすと、住職はむずかしい表情になって、

「怪談のイベントねえ──」

　そうつぶやいたきり黙りこんだ。この様子では交渉は無理かと思っていたら、

「この寺の敷地には防犯カメラが四つあってね」

　住職がぽつりとつぶやいた。

「墓地にもひとつあるんだけど、ある晩の録画を見たら、墓の下から白い人影がでてくるのが映ってた」

　意外な展開にぽかんとした。住職は続けて、

「あれは、おととしの秋だったかな。檀家《だんか》に用があって雑司ケ谷霊園のそばを歩いて

たら、提灯《ちょうちん》を持った喪服の男が立ってた」

提灯には「××家」と書いてあるから、通夜の案内だとわかった。霊園の入口にも、やはり提灯を持った喪服の男がいる。その前を通ったら、若い女性とすれちがった。黒髪を長く伸ばして細身のジーンズを穿《は》いている。

「それが眼の覚めるような美人でね。思わず振りかえったら――」

視界をさえぎるほどの青い炎が大きく燃えあがった。驚いて足を止めると、青い炎は喪服の男が手にした提灯のなかへ吸いこまれていった。

「その青い炎は、わたしにしか見えていないらしい」

その証拠に提灯を持った男に変化はない。いつのまにか黒髪の女性は消えていたが、それでようやく合点《がてん》がいった。

「××家というのは、あの女のひとのお通夜なんだってね」

影

去年の九月、上間は京都の実家へ帰省した。

帰省したときも時間があれば取材をする。その日もひまになったので朝から東山へいった。東山には祇園《ぎおん》や三条京阪といった繁華街があるから、観光客が多く声をかけやすい。けれどもその日は不調で、まったく話が聞けない。

「変な眼で見られるのは慣れてますけど、露骨に厭《いや》な顔をするひともいて、そういうときはへこみますね」

やがてあたりが薄暗くなって人通りが減ってきた。夜になると、よけいに不審がられるから路上での取材はむずかしい。もうすこしだけ粘ってみようと歩いていたら、チワワの散歩をしている老婦人がいた。

温厚そうな雰囲気に思いきって用件を明かすと、老婦人は道路の先を指さして、

「むこうに坂があるやろ。何十年も前やけど、あそこで火の玉見たわ」

火の玉を見ただけでも本人にとっては忘れられない体験だが、イベントでの語りや原稿には使えない。ほかにもなにかありませんかと訊いたら、老婦人はすこし表情を曇らせて、いま住んでる家やね、といった。

老婦人は近くの一軒家でひとり暮らしをしている。

「そこの福×川町ってとこ」

その家を建てたのは昭和三十年で、もとは寺が所有する土地だった。夢のマイホームといわれた時代だけに夫婦は喜んだが、住みはじめてまもなく違和感をおぼえた。どこからか視線を感じたり、足音が聞こえたりする。

街中なのに蛇が何匹も家に入ってくる。いるはずのない猫の鳴き声もする。あるときは家がぐらぐら揺れて地震かと思ったが、近所ではなにも起きていなかった。

「主人はなんかの祟《たた》りちゃうかていうてた。もとはお寺さんの土地やさかい、地鎮祭も棟上げ式もちゃんとやったんやけど――」

不審な出来事はそれからも続いたが、せっかく建てたわが家だけに引っ越すわけにはいかない。そのうち妙な現象もおさまってきた。

「それでも変なことはなんべんもあったけどね。息子が生まれてからは、そんなこと気にしてられへん」

息子が物心ついても、妙な現象のことはいわなかった。息子は無事に成長して、いまはべつの場所で暮らしている。

三年前、夫が癌《がん》を患った。

入院して手術をしたが、癌は全身に転移した。もはや手のほどこしようもなく、夫は退院して自宅で息をひきとった。

夫が書斎がわりに使っていた部屋は、いまもそのままになっている。

「思い出がつまっているからですか」

上間が訊くと老婦人はかぶりを振って、

「あのひとが死んでから入るのが怖《こわ》なった。ほかの部屋と空気がちがうさかいに」

その頃から、また視線を感じるようになった。築六十四年とあって家の戸や襖《ふすま》はちゃんと閉まらず、あちこち隙間ができている。

「そこから誰か覗くねん。ちらちら影も見える」

ひとり暮らしがさびしくて飼ったチワワもそれを感じるようで、なにもない空間や隙間にむかって吠《ほ》える。散歩のときははしゃいで走りまわるが、家では老婦人のそばを離れない。

最近はときどき金縛りに遭う。あるとき目蓋を開けたら、室内に大きな人影がはっきり見えた。それからは金縛りに遭っても、必ず目蓋を閉じている。

「だいたい、うちの近所はおかしいんよ」

近くに住んでいた大学生と三軒隣の主婦が首を吊った。町内の家族が無理心中をした。この土地には、やはりなにかあるのかもしれない。そう思うものの、いまさら引っ越すつもりはない。

息子はひとり暮らしの老婦人を心配して、ときどき泊まりにくる。その息子が家のなかで洗濯物を干さないでくれという。

どうしてかと訊いたら、息子はおびえた表情で、

「だって影が増えるだろ」

息子も前から気づいてたんよ、と老婦人はいった。

おんぼ坂

上間は老婦人と別れたあと、彼女が火の玉を見たという坂にいった。

坂の下に歴史のありそうな煙草《たばこ》屋がまだ明かりをつけている。なかを覗くと、さっきの老婦人とおなじ歳《とし》くらいの女性がいた。

上間は喫煙しないが、話のきっかけに煙草をひとつ買って、

「さっき、この坂で火の玉を見たというひとに会ったんですが、なにかご存知ないですか」

「このへんは、おんぼやさかい。幽霊見たってひともおるで」

「おんぼ、ですか」

「うん。そんなとこ立っとらんで、まあ入り」

上間は勧められるまま店内に入った。

Yさんというその女性は昭和二十五年生まれで、この煙草屋は百年以上前から一族

が経営しているという。昔は坂の上に墓地と火葬場があり、この付近では火葬場をおんぼと呼んでいた。数百年前から土葬だけでなく、火葬がおこなわれていたらしい。火葬の場合、骨は骨壺《こつつぼ》におさめて灰は川に流す。

「それが福×川。いまの福×川町よ」

Yさんはさっき会った老婦人が住んでいる町名をいった。

かつては三途《さんず》の川の渡し賃として、墓に金や副葬品をおさめる習慣があった。長い年月を経てそれらが福×川に流れだし、川底にはたくさんの金や副葬品が沈んでいった。一部の庶民はそれを拾い集めて生活の糧にした。

「福が流れてくるさかい、福×川て名前がついた」

福×川は昭和三十年代に暗渠《あんきょ》となって姿を消したという。

上間があとで調べたところ、福×川の付近は平安時代に無常所と呼ばれる埋葬地だった。さらに戦前から、京都大学の前身である京都帝国大学の医学部納骨墓地があった。そこには献体で解剖された遺骨が多数埋葬されているらしい。

「最初に会った老婦人は、おんぼ坂のことや福×川の由来を知らなかったと思います。もしそれを知ったら、なんといったか気になります。もちろん伝えませんが――」

赤い線

数日後、上間は京都北部にある寺へ取材にいった。

その寺には妖怪にまつわる塚があるので、なにか話が聞けないかと思った。

寺に着いて寺務所にいた高齢の女性に声をかけると、長年ここに勤めているが、これといって怪しいことはないと答えた。

「けど塚の土を持って帰ったり、石碑を削ったりする者がおる。あとでバチがあたるんやないかと心配でね」

上間は話の方向を変えて、個人的に不思議な体験はないか訊いた。

「あたしはなんもないけど、ここへお参りにくるTさんって奥さんがおってね」

Tさんは結婚してしばらく経つが、子どもに恵まれずに悩んでいた。

ある日の朝、Tさんが布団から起きると、空中に赤い線がうっすら浮かんでいるのが見えた。線の太さは指くらいで、彼女の胸から壁まで伸びている。

恐る恐る手を伸ばしたら、指先は赤い線を通り抜けた。

「なんやろう、これ――」

立ちあがったら、赤い線も身体《からだ》にくっついたまま動く。

まるで胸から棒が突きでているようだ。夫や他人には見えないから眼の錯覚だろうと思ったが、赤い線は何日経っても消えない。といって、どうすることもできないから気にしないようにした。

赤い線が見えだしてしばらく経ったある日、Tさんは京都の街を歩いていた。そのとき、ふと赤い線が濃くなっているのに気づいた。眼でたどると、赤い線は通りのむこうまで続いている。

Tさんは不意に閃《ひらめ》くものを感じて、赤い線に沿って歩いてみた。途中に建物があったり道が途切れていたりして、まっすぐには歩けないが、赤い線はずっとおなじ方向に伸びている。延々と歩き続けていたら、この寺に着いた。

赤い線は寺の本堂ではなく、ちいさなお堂へと続いている。

「ここにこいっていう意味やったんかな」

Tさんがお堂に手をあわせると、それを待っていたように赤い線は消えた。

後日、彼女は念願の子どもが生まれて、この寺に礼をいいにきた。

「そのひとだけやないねん」

寺務所の女性は、上間をそのお堂に案内して扉を開けた。

お堂のなかには子授けにご利益があるという地蔵尊像があり、子宝を授かったひとびとが奉納した人形がぎっしりならんでいたという。

弟の予言

二月下旬、糸柳はわたしの地元のK市を訪れた。

目的は巻頭で書いた鳥居の写真——ふたつの人影の検証である。

糸柳はK市に着くと写真を送ってきたLさんに会い、撮影のときの状況を確認した。その際に彼女自身の奇妙な体験も聞いた。

Lさんが中学二年の頃だった。

その日の午後、Lさんは両親と弟の四人で食事にいった。車は父親が運転し、助手席には母親がいた。小学五年の弟と彼女は後部座席に坐っていた。

車が国道三号のバイパスを走っているとき、ねえ、と弟がいった。

「飛ばした車が突っこんでくるよ」

「え？　どういうこと？」

窓から外を見たが、なにも異状はない。

弟はどうしてそんなことをいったのか。それを訊こうとした瞬間、すさまじい衝撃とともに意識が途切れた。

どのくらい経ったのか、気がつくと病院のベッドに寝かされていた。頭に包帯を巻かれ、両親と弟が顔を覗きこんでいる。

両親によれば飲酒運転でスピード違反の車に追突されたせいで、Lさんは車の窓に頭を強打して意識を失ったという。救急隊員が彼女を車から運びだしたとき、抜けた髪の毛が窓にべったり貼りついていたらしい。

それほどの事故にもかかわらず、両親と弟は無傷だった。Lさんの怪我《けが》も完治して後遺症もなかったが、弟はなぜ事故が起きるのがわかったのか。

「弟に訊いても、おぼえてないっていうんです」

弟はいま僧侶になるための修行をしているという。

山の地蔵

糸柳は翌日、Lさんが鳥居の人影を撮影した神社にいった。

鳥居のむこうのふたつの人影は、おなじ方向をむいている。その方向にはゴミを投げあっている大学生たちがいたとLさんはいった。けれども現地で確認すると、ふたつの人影が顔をむけていたのは、神社に隣接するK城のように思えた。

「高さからしたら石垣のあたりやねん」

K城は十七世紀に築城された歴史ある城だが、十九世紀に焼失し、現在の天守閣は一九五九年に復元された。

糸柳は天守閣にのぼったり、火災の焦げ跡が残る石垣を調べたりした。しかし鳥居の人影については、なにもわからない。付近を歩きまわっていたら、公園で写真を撮っている二十代前半くらいのカップルがいた。

「神社や城のこと訊いとったら、べつの話がでてきた」

カップルの女性の父親が若い頃、夜中に友人と肝試しにいった。

そこは山の中腹で、心霊スポットといわれる巨大な十字架がある。

現地に着くと、みんなは車をおりて肝試しをはじめたが、異様な雰囲気が怖くて足が進まない。ほどなく車にひきかえした。

ところが男性のひとりがもどってこない。

みんなで心配していたら、しばらくして森のなかから男性があらわれた。なぜか髪に枯れ葉がへばりつき、服が土で汚れている。いままでなにをしていたのか訊くと、

「ちょっと頼まれごとしよった」

彼が語ったところでは、森に入ったら小学校低学年くらいの女の子がいて、

「お地蔵さんが落ちた」

森の奥を指さす。

そこを覗いたら低い崖があり、首のない地蔵が下に転がっていた。彼は深く考えることもなく崖をおりると、地蔵を抱えて女の子のもとにもどった。

「そこに置いて」

女の子に頼まれて木の根元に地蔵を置いてきたという。深夜の森に、そんな女の子がいるはずがない。誰かがそういうと彼もようやく怖がった。

「それだけの話やけど、その十字架のこと、大阪でも聞いたことあるねん」

九年ほど前、糸柳が梅田のバーで呑んでいると、K市の出身だという男性と知りあった。K市の話で盛りあがったついでに、不思議な体験はないか訊いた。

「そしたら、おなじとこへ肝試しにいっとった」

ある夜、友人と肝試しにいったら、十字架へ続く階段に黒い人影が坐っていた。ひとりでなにをしているのか訝《いぶか》っていると、人影は立ちあがってこっちへ歩いてきた。喧嘩《けんか》でも売る気かとみんなは身構えたが、どれだけ近づいても姿が見えない。

人影は真っ黒なまま、両手を広げて迫ってくる。

みんなは恐怖に駆られて一目散に逃げだしたという。

その十字架のことは、わたしも幼い頃から知っている。十字架は朝鮮戦争で戦死した将兵を慰霊するため、一九五一年に駐留米軍によって建てられた。

付近には首のない地蔵が多数あり、地元では心霊スポットとして有名だ。わたしもそこでの怪異をいくつか聞き、活字にしたこともある。

だが、なぜ地蔵の首がないのかはさだかでない。幕末に長州軍が首をはねたとか、明治維新の廃仏毀釈《はいぶつきしやく》で壊されたとか諸説ある。

糸柳はカップルの話を聞いてから、その十字架がある場所へいった。

十字架はすぐに見つかったが、地蔵は見あたらない。近くの森をあてもなく歩きまわっていたら、防衛庁の敷地を示すフェンスがあった。

そのフェンスのむこうにジャージ姿の老人がいた。老人はフェンスを乗り越えたいらしく、金網をつかんでがしゃがしゃ揺らしている。糸柳は不審に思って、

「なにをされてるんですか」

とたんに老人はぎょっとした表情になって、

「ああ疲れた。折りかえせばよかった」

「折りかえす？」

「あんたこそ、そこでなんしようと？」

老人は肩で息をしながら訊いた。糸柳が地蔵のことをいうと、

「おれもそれ見にきたったい。けど帰り道に迷うてしもて」

地蔵を見たあと、フェンスのむこう側へ迷いこんだらしい。糸柳は老人がフェンスを乗り越えるのを手助けして、地蔵がある場所へ案内してもらった。

そこには想像したよりも、はるかに多くの地蔵があった。

古びた石の地蔵は噂どおり、どれも首がない。

老人は近くに住んでいて、ここに地蔵があるのは噂で聞いていたが、見るのははじめてだといった。

「廃仏毀釈のとき、ここに集められたていうけど、どうもちがう気がする」

老人は、誰かがべつの理由でここへ運んだと考えているらしい。しかしその理由を訊いてもはっきりしなかった。

糸柳が十字架や地蔵にまつわる話をすると、老人もつい最近奇妙な体験をしたという。老人は早朝のジョギングが趣味だが、まだ暗い道を走っていたら、若い女とすれちがった。服装に違和感をおぼえて振りかえると、誰もいない。

「まだ若い子やのに、戦時中のもんぺみたいな服着とった」

老人は先に帰ったが、糸柳はさらに調査を続けた。首のない地蔵は一か所だけでなく、森のあちこちにある。

「ひとかたまりになっとったり、ぽつんぽつんと転がっとったり、なかには補修して、ちがう首がついたのもあった」

スマホで写真を撮りながら山道を歩いていくと、画面が突然フリーズした。たったいま地蔵を撮ったばかりなのに、画面はなぜかふたつの人影が写った鳥居の画像になっている。スマホは再起動して、ようやく正常にもどった。

「地蔵がなくなるとこまでいこうと思うたけど、どこまでいってもあるねん」

あきらめて山をおりたら、広大な霊園の前にでた。糸柳はそれまで知らなかったが、その霊園にはわたしの母方の先祖が眠っている。

ユタの老人

Ｋ市で取材した翌日、糸柳は沖縄へむかった。

「取材のあてはぜんぜんない。あんまり話が集まらんから、もうついでにいったれて感じやった」

沖縄に着くと沖縄市の中心であるコザで宿をとり、夜の街へ取材にでた。

沖縄の飲食店はたいてい開店時間が遅い。すでに十時をまわっていたが、糸柳が飛びこみで入ったバーは店を開けたばかりだった。

「うちは早いほうで、このへんは十二時すぎて開ける店が多いですよ」

四十がらみのマスターはそういった。

店内は沖縄らしくアメリカンスタイルで、マスターはバイクが趣味だという。糸柳は彼と喋りながら怪談の方向へ話を持っていき、

「沖縄って、そういう話が多いでしょう」

「多いけど、ぼくはぜんぜん信じてないね」

このバーでも、客が店内でなにかを見たとか妙な気配を感じたとかいうことがあるらしい。マスターは、なにも感じないので気にしないといった。糸柳は続けて、

「ユタはどうですか。信じてませんか」

ユタとは、沖縄や奄美諸島《あまみしょとう》で古くから庶民の信仰を集める霊媒師である。沖縄では「医者半分、ユタ半分」といわれるほど生活に根づいている。

んー、とマスターは首をひねって、

「あんまり信じたくないけど、一回だけよくわからないことがあったね」


その日の午後、マスターは近所のスーパーへ買物にでかけた。

横断歩道で信号待ちをしていたら、ちょっと、と見知らぬ老人が話しかけてきた。

「あんた、バイク乗るの？」

いつもバイカーっぽい服装だから、そういわれても不思議はない。

「乗りますけど、それがなにか？」

「あしただよ。あしたも乗るんだろ」

老人は、なぜかマスターの背後をちらちら見ている。たしかにあすはバイク仲間と

日帰りのツーリングにいく予定だが、よけいなお世話だと思った。

「だから、なんなんですか」

マスターはぶっきらぼうにいったが、老人は無表情で、

「あしたバイクに乗ったら、ぜったい死ぬよ」

「はあ？」

「もうお迎えがきてる。あんたの後ろで待ってるから」

信号はいつのまにか青に変わっていて、老人はすたすた歩き去った。

マスターはその手の話を信じないだけに、馬鹿げていると思った。けれども万が一ということがある。時間が経つにつれ不安になって、仕事が手につかない。思いきって仲間に電話すると、体調不良を理由にツーリングを断った。

数日後、バイク仲間がそろって店にきた。

仲間はみんな元気そうで、ツーリングの話題で盛りあがっている。自分もいけばよかったと後悔した。マスターは舌打ちして、

「いいなあ。おれもいきたかったな」

「マスターはこなくて正解よ」

仲間のひとりがそういった。彼によれば、みんなで一列になって高速を走っていたら、反対車線の車がこちらの車線に飛びこんできた。その車は仲間の最後尾すれすれに突っ走って、ガードレールに激突した。乗っていたのは家族連れだという。

「マスターは、いつもいちばん後ろ走るだろ。ツーリングきてたら、ぜったい事故に巻きこまれてるよ」

ほかの仲間も同意して、マスターは強運の持ち主だといった。

あの老人のことは仲間にいわなかったが、腕に鳥肌が立った。

「あの爺《じい》さんは、たぶんユタじゃないかな」

とマスターはいった。

視《み》えたひと

糸柳はバーをでて深夜営業の沖縄そば屋に入った。

三十代後半くらいの男性が店主のようで、ほかに客はいない。食事のあと、例によって怖い話や不思議な話はないか訊いた。

「昔、女友だちですごい子がいましたよ」

と店主はいった。

Nさんというその女性はふだんから幽霊が視えると自称しており、占いが得意だった。事実、店主の知人たちも商売や恋愛や病気など、抱えている悩みをずばりと当てられた。それでも単に勘がいいのか偶然だろうと思っていた。

ところが、あるときNさんは店にくると、

「やーの後ろにお婆《ばあ》さんがいる」

やーとは沖縄の方言で、あんたとかおまえという意味だ。どんなお婆さんか特徴を

訊いたら自分の祖母にそっくりだったが、祖母は健在である。店主は苦笑して、

「その婆さんは、おれの後ろでなにしてる?」

「やーを早く家に帰らせたいみたい。もうすぐ忙しくなるから」

なにがいいたいのか意味不明だったが、その夜に祖母が急死した。忙しくなるとは通夜や葬儀のことだとわかって、ぞっとした。

店主はそれから彼女の能力を信じるようになった。


ある日、店主の友人がユタの中年女性を店に連れてきた。

そのユタはある宗教団体を主宰していて、弟子がたくさんいるらしい。彼女にNさんの能力について話したら、ぜひ紹介して欲しいという。

「それでNさんを呼んだら、ユタがすごく気に入っちゃって。うちに入って修行すれば、もっとすごい力が身につくって――」

ユタは熱心に誘った。

Nさんは初対面だけに不安で、そのときは断った。けれどもその後、失業と失恋が重なり、彼女はひどく落ちこんだ。ユタは、このときとばかり勧誘を再開した。

Nさんも心のよりどころが欲しかったようで、その宗教団体に入信した。入信後は

寮に泊まりこんで修行するので、彼女とは会わなくなった。

それから十年ほど経って、店主の知人が体調を崩した。病院にいっても原因はわからず、本人はなにかに取《と》り憑《つ》かれているような気がするという。誰かそういう能力がある人物を知らないかと相談されて、Nさんのことを思いだした。

店主はNさんに連絡をとって、知人をひきあわせた。十年ぶりに会うNさんは別人のように肥《ふと》って、やけに饒舌《じょうぜつ》になっていた。

さっそく知人になにが憑いているのか視てもらったが、以前とちがって的はずれなことばかりいう。あげくに怪しげな開運グッズや御守《おまも》りを売りつけようとする。

知人はあきれて帰ってしまい、店主は困惑した。

「どうしたの？　昔とちがうじゃんって文句いったら——」

「そうなのよ」

Nさんは溜息まじりにいった。かつては意識しなくても、なにかが視えたり言葉が閃いたりしたが、宗教団体に入って以来なにも感じなくなったという。

「ああいう能力も、使えなくなるものなんですね」

と店主はいった。

屋上の少年

翌日の午後、糸柳は古くからの住人がいそうな住宅地へ取材にいった。

二月とは思えないほど陽射しは強く、路地を歩いているだけで汗がにじむ。

「沖縄は陽気なひと多いから、取材しやすいねん。そのひとはそういう話を知らんでも、あのひとに聞いてみたら、て教えてくれる」

路上で声をかけた若者から、Eさんという男性を紹介してもらった。

Eさんによると、叔父が無人の古いアパートを買いとり、南国風のホテルに改装した。彼は叔父に頼まれて、ときどきホテルの業務を手伝った。けれども、もとがアパートだけに豪華さに欠ける。そのうえ辺鄙《へんぴ》な場所とあって、あまり繁盛しなかった。

二年前の九月、大型の台風が沖縄に接近していた。

その日の夕方、Eさんはホテルの屋上にあるテーブルや椅子が風で飛ばされないよう屋内に片づけた。ホテルの経営者である叔父は用事で外出している。雨のなか、ひとりで作業をしていたら、視界を誰かが横切った。驚いてそっちを見た瞬間、眼を疑った。

屋上の隅に、小学校一、二年くらいの少年がうずくまっている。それほどひどい雨でもないのに全身がびしょ濡《ぬ》れだった。Eさんはそばにいくと、

「ぼく、どこからきたの」

少年はおびえているようで答えず、がたがた震えている。髪は伸びかけた坊主頭で、よれよれの半袖シャツと半ズボンから覗く手足は泥だらけだった。靴は履いておらず裸足《はだし》である。

心配だから事務所に連れていき、タオルを渡した。少年はタオルを受けとったが、顔も軀も拭こうとせず、不安そうに室内を見まわしている。事務所にあった駄菓子をあげたら、むさぼるように喰《く》った。

少年のあつかいに困って母親に電話すると、警察に相談しろという。

Eさんは警察に電話したが、警官がくるより早く母親が祖母とふたりでやってきた。母親と祖母は少年を気の毒がり、濡れた軀をタオルで拭いてやった。名前や年齢を訊いても、少年はあいかわらず押し黙っていた。

Ｅさんはホテルをでて、警官がくるのを待った。

まもなくパトカーが到着し、Ｅさんは警官たちを事務所へ案内した。

ところが少年の姿がない。母親と祖母は事務所の隣の厨房《ちゅうぼう》で茶を淹《い》れたり、食パンを焼いたりしていた。

「あの子はどこにいるの」

Ｅさんは訊いた。

事務所にいるはずだと母親と祖母は答えた。少年が外にでたのなら、ホテルの廊下や階段で会うはずだが、どこにもいない。警官たちは幻覚を見たのではないかといったが、事務所の床には泥だらけの足跡が残っている。

「もしかして幽霊《ユーリー》やろか」

母親は青ざめた顔でいった。とたんに祖母が声を詰まらせて、

「そういえば、あの子は戦時中の恰好《かっこう》やった」

少年は、きっとその当時から現代に迷いこんだのだという。

「かわいそうなことをした。ご飯をお腹《なか》いっぱい食べさせたかった」

祖母はそういって号泣したという。

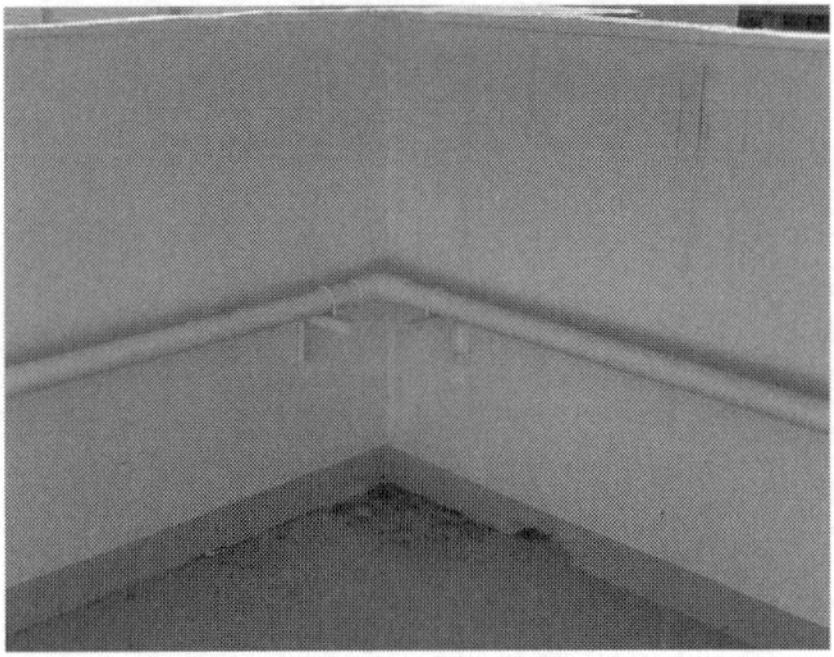

営業妨害

糸柳は少年がいたというホテルをEさんに案内してもらった。屋上の写真を撮ったあとEさんと別れて、また取材をはじめた。

ある飲食店の前を通りかかると、道ばたで鍋を洗っている中年女性がいた。眼があったついでに声をかけたら、四年ほど前に奇妙なことがあったという。

彼女はその店を夫とふたりで切り盛りしているが、店の常連客に四十代なかばの女がいた。女はユタの血筋を自称していて、しきりにお祓いを勧める。

「ここは幽霊《ユーリー》がたくさんいる。このままじゃ、よくないよ」

店主である夫は迷惑がったが、いちおう客だから文句はいわなかった。

しかしある夜、女はほかの客の前でもそういう話をはじめた。

「やー、営業妨害よ。そんな話やめてくれ」

夫は注意したが、女は聞こうとせず幽霊の話を続ける。夫は声を荒らげて、

「ほかにも店いっぱいあるさ。なんで、わざわざうちにくる？」

「心配だから、注意してあげてるのよ」

「ふらーよッ。もう帰れッ」

ふらーとは馬鹿という意味だ。女は逆上して、

「こんな幽霊《ユーリー》だらけの店、二度とくるかッ」

金も払わずに店をでていった。

そのとき店内には男性客が三人いた。ひとりは大学生で、あとのふたりは三十代だった。大学生は前から女を嫌っていたのでけたけた笑っていたが、三十代のふたりが口論をはじめた。

「あの女のいうことがほんまやったらどうするかっていう、くだらない話やったらしい。けど、だんだんエスカレートして――」

ふたりの口論に夫も参加して、しまいには怒鳴りあいになった。大学生はおもしろがって、その様子をスマホで撮影した。

翌日の夜、大学生が店にくるとスマホをだして、

「これ、なんか変だよ」

ゆうべ撮影した動画がおかしいという。店の夫婦はそれを見たが、特に変わったところはない。夫がまた逆上しかけたら、映像じゃないよ、と大学生がいった。

「よく聞いて。声が多いさ」

耳を澄ませてみると、たしかに変だった。

夫や客が怒鳴りあう声にまじって、男のうなり声や女の笑い声、テープをスローで再生したような低い声が聞こえた。

それからどうなったのか訊こうとしたら、店から夫がでてきた。強面《こわもて》で体格がいい。取材のことを説明したが、夫は激怒して、名刺だせッ、と怒鳴った。

「営業妨害よ。店の名前だしたら、やー死なすからよッ」

糸柳はやむなく退散したという。

ガマからきたひと

その日の夜、糸柳は繁華街の小料理屋で夕食をとった。

カウンターだけのこぢんまりした店で、四十代前半くらいの女将《おかみ》がいた。ほかに客はいないとあって、すんなり話が聞けた。

女将は小料理屋をはじめる前、うるま市の居酒屋に勤めていた。

経営者は知人の父親だから、気楽に働けるのがよかった。その店も小規模でカウンターしかなかったが、ときおり客たちがいっせいに厨房の入口を見る。

客たちは、それまで喋ったり酒を呑んだりしていたのに全員がそうなる。

ぴたりと会話がやんだ店内には、テレビの音声だけが響く。何秒か経って、みなわれにかえったように厨房から視線をもどし、ざわめきが蘇《よみがえ》る。

女将も客とおなじように、ふと気づくと厨房の入口に眼をやっている。

「お客さんと話してても誰かと電話で話してても、そうなるんです」

不思議に思ったが、大将も客もそれに触れないから、さほど気にしなかった。

ある夜、女将はたまにくる老婦人をカウンター越しに接客していた。

そのとき、またおなじ現象が起きた。女将も客も厨房の入口を見つめ、店内は静かになった。いつものようにそれは数秒で終わったが、

「いま通ったね」

老婦人がつぶやいた。

「なにが通ったんですか」

「ガマからきたひと」

ガマとは鍾乳洞《しょうにゅうどう》や自然の洞窟で、沖縄本島には二千にもおよぶガマがある。ガマはかつて風葬の遺体を安置していたが、戦時中は避難場所や野戦病院として使われた。

「ばあば、怖いことというなよ」

「気のせいだろう」

客たちがそういった。気のせいじゃない、と老婦人はいって、

「ガマからきたひとがここを通って、そこの井戸に入った」

「そこの井戸？」

老婦人は厨房を指さしたが、厨房のなかに井戸などない。老婦人はなおも井戸があると主張したが、誰もまともにとりあわなかった。

五年ほど経って、店の改築工事がおこなわれた。

工事は大がかりで、厨房もいったん取り壊した。その際に床下から古い井戸が見つかった。業者が調べると水は涸《か》れていたが、なかは広く大人が何人も入れる空間があった。そこから朽ち果てた衣類や日用品がでてきた。

どうやらその井戸は、戦時中に防空壕《ぼうくうごう》として使われていたらしい。

「ばあばがいったガマも、近くにあるかもしれません」

と女将はいった。

開かずの引戸

糸柳は女将の紹介で近くのバーにいった。

その店のマスターも奇妙な体験をしているらしい。バーはオーセンティックな雰囲気で、カウンターのむこうに四十がらみのマスターがいた。女将に紹介されたといったら、愛想よく取材に応じてくれた。

「この店は、もともと二号店だったんです。一号店は従業員にやらせてたんですけど、いまは倉庫がわりに使ってます」

一号店は以前、Aさんという中年男性が経営していた。Aさんは手広く商売をしており、バーまで手がまわらないという理由で売りにだした。

マスターはそれを買って店を引き継いだ。

一号店は古いテナントビルの二階で、カウンターとボックス席がひとつあった。小規模なバーにしては珍しく、ボックス席は引戸がついた個室だった。

引戸は閉めると狭苦しいのでいつも開けていたが、常連客はだいたい少人数でボックス席はたまにしか使われなかった。

一号店には、かつての経営者だったAさんもよく顔をだした。彼はたいてい女連れだったから、ボックス席で呑むことが多かった。

「込み入った話がありそうなときは、引戸を閉めてました」

Aさんは金払いがよかったが、ある時期からふっつりこなくなった。どうしたのかと思っていたら、警察に逮捕されたと人づてに聞いた。けれども、なぜ逮捕されたのかは誰も知らなかった。

「女がらみとか暴力団がらみとか麻薬がらみとか、いろんな噂がありました」

Aさんの逮捕からすこし経った頃、不可解な現象が起きはじめた。

誰もいない店内で、幽《かす》かなささやき声や物音が聞こえる。マスターだけでなく従業員もそれを耳にしたが、原因はわからない。

ある日の夕方、開店の準備をするため店に入ったら、ボックス席の引戸が閉まっていた。ゆうべ閉店したときは開いていたはずだ。不審に思いつつ引戸に手をかけたが、どういうわけか開かない。

「古い店だから、建てつけが悪くなったのかと思いました」

業者に修理を頼むつもりだったが、その夜、常連客の男性が引戸に手をかけると、すんなり開いた。ボックス席を調べても、なにかがつかえていた形跡はなく、開かなくなった原因はわからない。

「マスターの勘ちがいだろ」

引戸を開けた男性はそういって帰った。

が、まもなくドアのむこうで、どたどたと大きな音がした。驚いて見にいったら、男性が階段を転げ落ちていて頭から血を流していた。

「そんなに酔ってなかったんですが――急いで救急車を呼びました」

男性の怪我はひどく、しばらく入院するはめになった。


翌日、店にいくとボックス席の引戸はふたたび閉まっていた。

だが閉めたおぼえはない。マスターは気味が悪くなって、そのままにしておいた。

なんとなくボックス席に誰かいるような気がする。ゆうべの男性が大怪我をしたのは、そのせいかもしれないと思った。

客たちにそれを話すと、ひとりの男性が鼻で嗤《わら》って、

「そんな非科学的なこと、あるはずないさ」

引戸を開けると、なかを覗いた。

むろん誰もいなかったが、翌日その男性は交通事故で亡くなった。

こうなると、もはや偶然とは思えない。もっともボックス席の引戸は開いたままで、勝手に閉まることはなくなった。

マスターはそれでも不安で移転を考えたが、繁盛しているだけに売るのは惜しい。新たに二号店をオープンし、一号店は従業員にまかせることにした。

ところが二号店をはじめてすこし経つと、一号店の従業員から苦情がきた。またしてもボックス席の引戸が閉まって開かないという。

「そのままにしといてって、いったんですが――」

無理に開けようとした従業員の男が、その夜を境に失踪した。店の売上げもなくなっていたから意図的に逃げたとおぼしいが、後味は悪かった。

古参の従業員によると、ボックス席の引戸はひとりでに開いたり閉まったりする。幽かなささやき声や物音もあいかわらず聞こえる。怖いから辞めるというのを引き止めて、その従業員を二号店にまわし、マスターは一号店にもどった。

ボックス席は使用禁止にし、引戸が勝手に開閉しないよう鍵をつけた。そのおかげで異変はやんだ。

もっともその頃にはある噂が広まっていて、客足はだいぶ遠のいていた。

「噂って、ボックス席のことですか」

糸柳が訊いた。それがらみではありますけど、とマスターはいって、

「Aさんが殺した相手の祟りだって――」

警察に逮捕されたAさんの容疑はなぜか公表されていないが、殺人らしい。さらにAさんは留置場か拘置所で死亡したという噂もあった。


その日の夕方、マスターはひとりで開店の準備をした。

カウンターのなかでグラスを磨いていると、入口のドアが勢いよく開いた。

酒屋かと思ったら、誰もいない。しかし次の瞬間、

「くくくくく」

くぐもった嗤い声がした。男とも女ともつかない声だった。

マスターはそれで一号店を閉める決心をした。一号店は現在も倉庫として使っている。できれば売りたいが、噂のせいで買い手がつかない。

Aさんはすでに亡くなったのか、容疑は殺人なのか、いまだにわからないという。

宿泊客の靴

糸柳は小料理屋の女将に聞いた話が気になって、沖縄滞在を延長した。

客の老婦人は、ガマからきたひとが店内を通って井戸に入ったといった。女将はそのガマが近くにあるかもしれないといったから、ガマを探してみようと思った。

午後からうるま市へいったが、女将が以前働いていた居酒屋は駐車場になっていた。あたりは住宅街で、沖縄の郊外らしいのどかな雰囲気だ。

「またそのへんの家まわって、お年寄りにガマのこと訊いた。けどガマは戦時中のこと思いだすよってに、話すの厭がるねん」

ガマの話は聞けなかったが、ある主婦が家にあがるようにいい、うっちん茶をふるまってくれた。彼女は十五年ほど前にラブホテルでパートをしていた。そのとき一度だけ、奇妙なことがあったという。

ある夜、彼女は従業員の若い男性とふたりでフロントにいた。

フロントのカウンターは顔が見えないようパネルで仕切られ、キーや現金を出し入れする窓口がある。古いホテルだけにカウンターはお粗末で、下に隙間があって客の足元が見える。といって客はそれに気づかないので問題はなかった。

深夜になって、男性客がひとりでチェックインした。

そういう男性はたいてい風俗嬢を呼ぶが、そのホテルでは終電を逃した宿泊客も多かった。料金は後払いなので、彼女がキーを渡すと男性客はエレベーターに乗った。

すこしして従業員の男性が首をかしげると、

「いまのひと、料金がいくらになるか、わかってんのかな」

「わかってるさぁ。ちゃんと看板に書いてるから」

彼女はそういったが、従業員は納得せず客室に電話して、

「お連れさまの料金はべつになりますけど、よろしいですか」

お連れさまとはどういう意味なのか。男性客がひとりだったのは防犯カメラで確認している。思ったとおり、従業員は電話口で客と揉《も》めている。

「いえ、でもお連れさまがいらっしゃるんですから——少々お待ちください」

従業員は受話器を持ったまま彼女を振りかえって、

「四名さまだったよね」

「いや、防犯カメラ見たら、おひとりだったよ」

「おれは、そこから靴を見てたの」

従業員はいらだった様子でカウンターの下を指さした。

「そしたら、ぜんぶで四人いた。三人は女のひとだった」

やけに人数が多いのでカウンターの下を覗いたら、四人がエレベーターに乗るのが見えたという。従業員は受話器を持ったままだから、こちらの会話は客に丸聞こえだ。

彼女がそれを指摘すると従業員は電話口で、

「すみません。確認してまた連絡します」

そういって受話器を置いた。

確認するもなにも、ひとりしかいなかった。従業員と口論していたら、さっきの男性客がフロントにきた。文句をいいにきたのだろうと思ったが、

「チェックアウトしてください。料金は払いますから」

と男性客はいった。

その声は、なぜか震えをおびていた。従業員はまだ人数にこだわっていたが、防犯カメラにはひとりしか映っていない。

男性客はひとりぶんの料金を払うと、急いでホテルをでていった。

「ふつう文句いうよね。あのお客は、なにか心あたりがあったと思うよ」

従業員も、あとから青ざめていたという。

きんじょうふさ

糸柳は主婦に礼をいって住宅街にもどった。

公民館の前を通りかかったら「ご祈禱《きとう》が必要なかたは会長にお電話を」という張り紙があった。公民館の隣は公園で、初老の男性がベンチにかけていた。

「あの貼り紙の会長さんって、やっぱりユタですかね」

そう話しかけたが、男性は貼り紙にはじめて気づいたようで、

「さあ、どうかな」

首をかしげた。糸柳は話をつなごうとして、

「ユタは先祖の血をひいてないとだめだっていうひとと、そんなことはないってひとがいますね」

「そういう血筋が多いとは聞くけど、いきなりユタになる者もいるさ」

男性は興味を示したようで、こんな話をした。

十年前、男性は沖縄本島南部の南風原《はえばる》に住んでいた。

当時の知人にKさんという女性がいた。あるとき彼女の息子が高熱をだした。心配して病院に連れていったが、熱はさがらず原因もわからない。

Kさんが困惑していると、近所に住むIさんという女子高生が訪ねてきた。彼女は顔見知りではあったが、それまで深いつきあいはない。

なんの用かと思ったら、彼女はKさん宅の庭を指さして、

「そこに幽霊《ユーリー》がいるよ」

ためらいがちにそういった。

まさかと思いながらもくわしく訊くと、おかっぱ頭の女の子が庭にいる。Iさんが名前を訊ねたら、きんじょうふさ、と女の子は答えたという。

Kさんはそれを聞いて、はっとした。

小学生の頃、仲のよかった同級生に金城フサという女の子がいたが、病気で亡くなった。Kさんは狼狽《ろうばい》して、

「うちの子を連れていかないでって、フサちゃんにいって」

「連れていこうとしてるのは、フサちゃんじゃないよ。フサちゃんは、煙突がある鉄の箱のそばに幽霊《ユーリー》がふたりいるって」

ふたりの幽霊は息子を連れていこうと、そこで待っているらしい。煙突がある鉄の箱とはなんなのか。考えているとIさんは続けて、

「フサちゃんは、鉄の箱にお菓子と水をお供えして、すぐユタを呼べって」

ふと家の裏に、亡くなった父親が作った焼却炉があるのを思いだした。まだゴミの回収がなかった時代は、それで不用品を焼いていた。とっくに使わなくなっていたが、煙突がある鉄の箱とはあれにちがいない。

むろんIさんは焼却炉の存在を知るはずもない。Kさんは急いで焼却炉にお供えをすると、そういう方面にくわしい知人に頼んで、高齢のユタを呼んだ。

ユタにお祓いをしてもらうと、息子の熱はさがり体調も回復した。ユタはIさんの能力に感心して、将来はきっとりっぱなユタになるといった。

しかしその予言は的中せず、Iさんはいま大阪で会社を経営しているという。

ラブホテルの天井

糸柳はそれからも通行人に声をかけたり民家を訪ねたりしたが、ガマの話は聞けなかった。ただ民家で喋った男性に、近くのスナックを紹介された。

そのスナックは米兵が多い店だが、ママが怪談めいた話をしているのを聞いたことがあるという。糸柳は夜になってその店にいき、ママと話した。

「昔、このへんに幽霊がでる居酒屋があったのよ」

とママがいった。居酒屋の床下に井戸があって、幽霊がそこに入っていくという。

「要するに、ゆうべ聞いたのとおなじ話やねん」

どうやら近所で噂になっていたらしいが、新しい情報はなかった。ママは従業員のUさんという三十代なかばくらいの女性を呼んで、

「このお客さんが怖い話聞きたいって」

Uさんはハーフらしく色白で大柄だった。

　十年ほど前、彼女はバーに勤める男性とつきあっていた。

　ある夜、ふたりで呑んだ帰りにラブホテルに泊まった。そのホテルは、二階のある部屋に幽霊がでるという噂があった。けれども近くにほかの宿泊施設がないせいで、ふたりはよく利用していた。

　とはいえ、その部屋はもちろん二階に泊まるのも避けていた。

「でも、その晩は幽霊がでるって部屋しか空きがなかった。怖いから厭だったけど、ふたりともくたくただったから、すぐ寝ようって泊まったの」

　恐る恐る部屋に入ると、室内はふつうで特に変わったところはない。が、先入観があるせいか、なんとなく気味が悪い。

　彼氏はよほど疲れていたのか、まもなくベッドで横になった。彼女は化粧を落としただけでシャワーも浴びず、照明をつけたままベッドに入った。

　早く眠ろうと目蓋を閉じたが、すこし経って、

「ねえ、起きてる？」

　彼氏が訊いた。うとうとしていた彼女はいらだって、

「なに？　もう寝ようよ」

「うん。でも、ちょっと見て」

「なにを」

「天井」

「やだ。怖がらせないで」

「いいから見てごらん」

「やだ」

「ちょっとだけ、見てごらん」

「厭だっていってるでしょう」

彼女は拒んだが、彼氏はしつこく天井を見るようにいう。

「あーっさよ。もうなによ」

彼女は頭にきて目蓋を開けた。とたんに心臓が凍りついた。

天井いっぱいに巨大な男の顔があった。男は年配で、うつろな表情だった。幻覚かと思ったが、目尻の皺《しわ》やほうれい線まではっきり見える。

彼女は悲鳴をあげると、掛け布団を頭からかぶった。

彼氏はなにがおかしいのか、隣でくすくす笑っている。彼女は腹がたったが、怖くて口もきけない。あの天井の顔はなんなのか。彼氏はなぜ平気なのか。

震えながら考えているうちに、いつのまにか眠っていた。

朝になって眼を覚ますと、天井に顔はなく彼氏はもう服を着ていた。

「やーは、なんで笑ったの。あたしが厭だっていったのに、あんもの見せてよ」

彼女は烈《はげ》しい口調で問いただしたが、彼氏は眼をしばたたいている。彼氏がいうには、ゆうべはベッドに入るなり、ぐっすり眠っていた。彼女を起こしてはいないし、天井の顔など知らないという。

「でも、あれはぜったい夢なんかじゃない」

とUさんはいった。そのラブホテルは、いまも営業しているという。

おなじ夢

糸柳は沖縄から帰ると、脚本家のCさんという男性に会った。

Cさんに沖縄での取材について訊かれたから、沖縄市やうるま市で聞いた話を喋った。そのなかで彼がいちばん反応したのは、前述のラブホテルの話だった。

「ラブホって、やっぱ怖いっすよね。おれもやばいもの見ましたもん」

ある夜、Cさんは当時つきあっていた彼女と新宿のラブホテルに泊まった。

部屋はふつうで特に印象はない。夜中に寝苦しくて魘されたが、疲労のせいだろうと思った。

朝になって眼を覚ましたら、魘されたせいか全身が汗まみれだった。彼女はすでに起きていてシャワーを浴びている。Cさんも、あとからシャワーを浴びた。

ラブホテルをチェックアウトすると、近くのファミレスにいった。

朝食を食べていたら、そういえば、と彼女がいった。

「ゆうべ、めちゃくちゃ怖い夢見た」

夢のなかで、彼女はゆうべ宿泊したラブホテルの前に立っていた。なぜ外にいるんだろうと思ったら、ばーんッ、と大きな音がした。

眼の前の道路に、血まみれの女が倒れていて躯がびくびく痙攣《けいれん》している。

恐怖におびえつつ上を見あげたら、むかいのラブホテルから誰かが飛びおりた。

「それが何回も続くの」

眼を覚ましたら汗びっしょりだったから、シャワーを浴びたという。

Cさんは、それを聞いて背筋が冷たくなった。

「おれも、まったくおなじ夢見たのを思いだしたんっす」

彼女を怖がらせたくなくて、そのことはいわなかった。

あとからネットで検索すると、ふたりが泊まったラブホテルはなにもなかった。

けれども通りをはさんだむかいのラブホテルで、飛びおり自殺が何件も起きていたという。

事故の多い家

　去年の三月、上間はK市にあるS霊園を訪れた。

　S霊園はわたしの地元で心霊スポットとして名高いが、この霊園についての詳細はべつのところで書いたので省略する。

　上間はS霊園にいったあと、付近をまわって取材した。そのなかで印象に残ったのがHさんという主婦の話だった。Hさんの家はS霊園そばの道路沿いにある。

「この家に住みだしたんは昭和二十八年やね。S霊園には毎日いくよ。犬の散歩があるけ」

　Hさんは早朝と夕方にS霊園で犬の散歩をするのが日課である。散歩のとき霊園のなかで自殺した遺体を三体も見つけたが、さほど怖くないという。

「たまにでてくる猪《いのしし》のほうが怖いわ。けど変なことは、ようあるよ」

　数年前の冬だった。

その日の夕方、彼女はいつものようにS霊園で犬の散歩をした。

冬の夕方とあって、あたりは薄暗い。

犬を連れて歩いていたら三叉路《さんさろ》にさしかかった。左には斎場があり、右には南北朝時代、城主の一族が惨殺されたという城跡がある。

「左の道から、赤ん坊背負った着物の女が歩いてきた。どう見てもふつうの人間やないから気持悪いけ、右の道にいった。ほんなら、ぼろぼろの鎧《よろい》武者がおった」

驚いて立ちすくんでいると、犬が猛烈な勢いで吠えた。

とたんに鎧武者は消え、赤ん坊を背負った女もいなくなった。

けれども散歩を続ける気が失《う》せて、急いでひきかえした。家に着いて玄関に入ったとき、後ろからぐいっと髪をひっぱられたが、振りかえると誰もいない。

「こりゃあ、なんかついてきたと思うて――」

布団に入るときに経文を記した本を胸に乗せ、両手でそれを押さえて眠った。

深夜、異様な気配に眼を覚ますと、夕方に見た鎧武者が足元に立っていた。あわてて経本を突きつけたら、鎧武者はあとずさって布団のまわりをぐるぐるまわりだした。顔は兜《かぶと》に隠れて見えないが、ぼろぼろの甲冑《かっちゅう》ははっきり見える。

鎧武者はしばらく布団のまわりを歩いてから、不意に姿を消した。

「それから毎晩、そいつがでてきよった」

壁に御札《おふだ》を貼ったり、部屋の四隅に塩を盛ったりしていると、鎧武者は一週間後にあらわれなくなった。鎧武者は、城主一族が惨殺された城跡と関係があるのかもしれないと思った。

「この家は前からおかしいんよ。去年は裏の山で崖崩れがあって往生したし、道路の見通しが悪いわけでもないのに、なんべんも車が突っこんでくるし——」

「そんなに車が突っこんできたんですか」

「うん。いままでに七回」

Hさんはこともなげにいった。

通知不可能

去年の暮れ、上間は都内にある電話会社の直営店にいった。そこで怪談社の業務用として十年ほど使っていたガラケーをスマホに買い替えた。

「ずいぶん昔の機種ですね。はじめて見ました」

応対した従業員の男性はガラケーの古さに驚いた。上間は新しいスマホの操作を教わってから、例によって取材の糸口を求めて、

「こういう最新機種でも妙な話とかありますか」

「妙な話といいますと？」

「ガラケーが主流の頃は変な着信があったとか、ある番号にかけると呪われるとか、怪談っぽい話がありましたよね」

「ぼくが担当したお客さんで、そういうことがありましたよ」

五年前、彼は家電量販店で携帯やスマホの販売を担当していた。

その夜、七時すぎに四十がらみの女性客がきて、スマホの調子がおかしいという。スマホの状態を訊くと、着信時に「通知不可能」という文字が画面にでるらしい。

「国際電話や一部のＩＰ電話だと通知不可能の表示がでることがあるんです。だから、そういったんですが、そんなのじゃないと思うって――」

女性はスマホの画面を見せた。そこには通知不可能の着信履歴がならんでいる。

彼女によれば、通知不可能の電話は毎晩決まって七時半にかかってくる。電話にでても、まったくの無音か幽かなノイズが聞こえるだけで、呼びかけても返事はない。番号が表示されないから、着信拒否ができずに困っているという。

「実は番号がでなくても、迷惑電話用のサービスやアプリを使えば着信拒否できるんです。でも、当時はぼくもそれを知らなかったので――」

もうじき閉店だから、あきらめてもらうしかない。そう思って腕時計を見たら七時二十分だった。通知不可能の電話が必ず七時半にかかってくるのなら、それまで待ってみましょうと女性にいった。

やがて七時半になった瞬間、彼女のスマホが鳴った。

画面には通知不可能の文字がある。

「マジでかかってくるとは思わなかったんで、ちょっとビビりました。しかも、そのひとが電話にでないんです」

彼女は気味が悪いから、かわりにでてくれという。しぶしぶ電話にでたが、なにも聞こえず、呼びかけても返事はない。彼は通話を切ったあと、

「こんな電話が毎晩かかるのは変ですね」

そうなんです、と女性は眉をひそめた。

「七時半っていうのは、なにか意味があるのかな」

彼がそういうと、女性ははっとした表情になって、

「あ、思いあたることがあります。どうしていままで気がつかなかったんだろ」

ちょうどひと月前の夜、彼女は遠方に住む母親とスマホで喋っていた。電話の内容はごく日常的な会話だったが、母親が急に異様なうめき声をあげた。

続いて電話口から、どたん、と大きな物音がした。

「どうしたの？　かあさん大丈夫？」

あわてて呼びかけたが、応答がない。ひとまず電話を切って一一九番に電話すると、母親の様子がおかしいので救急車を派遣して欲しいといった。

彼女は急いで身支度をして、母親が住んでいる実家へむかった。けれども搬送先の

病院で母親は亡くなった。

「それが七時半だったんです」

何日か経って彼女はふたたび店にくると、このあいだの礼をいい、

「あれからお祓いをしたら、かかってこなくなりました」

そのときはそれで納得したが、彼女が帰ってから釈然としない気持になった。

「亡くなったのがひと月くらい前なら、四十九日もまだでしょう。なのに実の母親のお祓いをするなんて変じゃないですか」

夢枕

二月上旬、糸柳はイベント会場の打合せで、出版社で企画を担当しているMさんに会った。Mさんは四十代なかばの男性で、怖い話が大好きだという。

「飛んで火に入る夏の虫やから、そういう体験はないか訊いた」

するとMさんは高校三年のとき、おかしなことがあったといった。


その夜、Mさんは自分の部屋で寝転がってテレビを観ていた。

画面では当時人気のあった深夜のバラエティ番組が流れている。それをぼんやり眺めていたら、突然おかっぱ頭の女の子が画面に映った。

眼は細く吊りあがって、赤い着物姿だった。

「この子がなにかおもしろいことするのかな、と思ってたんですが――」

女の子はだんだんアップになって、顔が大写しになった。

変わった演出だと思っていたら、不意に女の子は消えてカメラはスタジオにもどった。番組内でなにも説明はなかったから、意味がわからない。

翌日、Mさんは学校にいくと、クラスの友人たちにその番組の話をした。友人たちもその番組を観ていたが、おかっぱの女の子はでてこなかったといわれた。

「じゃあ、あれはなんだったんだろう」

Mさんは不思議で仕方なかったが、べつに怖くはなかった。

やがて社会人になったMさんは、二十代後半でソフトウェア開発の会社を立ちあげた。もっとも社員はおらず、ひとりで営業からデスクワークまでこなした。

Mさんは寝る間も惜しんで働いたが、業績は伸びず経営はしだいに傾いた。早く大きな仕事をとらないと、会社を畳むしかないところまで追いこまれた。

「新しくできるゴルフ場で、管理システムを作る仕事があったんです。でも競合他社が多くて、どうしようもありませんでした」

夜も眠れずに悩んでいたら、そのゴルフ場から仕事の依頼があった。Mさんは飛びあがって喜んだが、なぜ他社ではなく自分の会社が選ばれたのか不思議だった。

　ある日の夕方、ゴルフ場の事務所で作業をしていると、社長から夕食に誘われた。

　六十がらみの社長はいつも無愛想で、プライベートで喋ったことはない。それだけに一も二もなく誘いに応じた。

　社長に連れていかれたのは高級な鮨屋《すしや》で、Mさんは恐縮した。

　仕事の話が一段落したあと、Mさんはずっと疑問に思っていたことを訊いた。

「ぼくみたいなペーペーに、どうして仕事をくれたんですか」

　とたんに社長はむずかしい顔つきになって、

「おれだって、おまえなんかに頼みたくなかったよ」

「えッ」

「うちの娘婿が管理システムの会社にからんでるから、ほんとはそっちに頼むはずだったんだ。おまえに仕事をまかせたせいで、娘婿とも気まずくなっちまった」

　そんな事情があったとは知らなかったから、Mさんは驚いて、

「だったら、どうしてぼくに――」

「おまえ――夢枕に立っただろ」

　社長は苦りきった表情でいった。

「おれの枕元を覗いて、恨めしそうな顔してたじゃないか。仕事を断ったら祟られそ

うだから、仕方なく頼んだんだ」

Mさんはますます驚いたが、むろん夢枕に立ったおぼえはない。呑みながら話していると、社長はそういう方面に敏感な体質のようだった。

「おまえは、なんか見たことないのか」

社長に訊かれて、高校のときテレビで観た女の子の話をした。

とたんに社長は見る見る青ざめて、

「おまえが夢枕に立つ直前、京都で古い掛軸を買ったんだ。その掛軸に、いまおまえがいったのとおんなじ女の子が描いてある」

ゴルフ場の仕事が終わるとともに社長とは疎遠になって、その掛軸は見ていない。

「でも、きっと社長がいったとおりでしょう」

とMさんはいった。

海の家

去年の四月、上間は取材先でYさんという男性と知りあった。

Yさんはいま会社勤めだが、五年ほど前は海の家で働いていた。海の家がある海水浴場は透明度が高く人気があるが、ときおり水難事故が起きる。潮の引きが早い離岸流で沖へ流されるから、地元の住民は近寄らない場所もあるらしい。

八月の深夜、Yさんは海の家で備品の片づけをしていた。

「ちょうどお盆の頃で昼間は帰省客が多いんですが、夜は客足が伸びません。ときどき若い連中が騒いでるくらいですね」

その夜の海辺には誰もおらず、波の音が静かに響いている。

Yさんが作業を終えて砂浜のビーチチェアで休憩していると、

「すみません――」

不意に声をかけられて驚いた。

いつのまにか真横に二十代後半くらいの男が立っている。上半身は裸で下はサーフパンツだった。いままで泳いでいたらしく、濡れた髪が顔に張りついている。

「なんでしょう」

Yさんは訊いた。男はおどおどした様子で、

「あの、きょうは何年何月ですか」

妙なことを訊くなと思いつつ、それに答えたら、ああ、と男は溜息をついて、

「わたし——溺れ死んだみたいなんです」

Yさんはぎょっとしたが、男はどう見ても生身の人間である。変なことをいうなと文句をいったら、男は消えるわけでもなく、ふつうに歩み去った。

それからまもなく実家の母から電話があった。母から電話がかかってくるのはひさしぶりだけに、なんの用かと思ったら、

「きょうはお盆だし、あんたの運気がさがる日だから気になった」

母は信心深くて占いが趣味だから、そんなことを口にするのは珍しくない。

「大丈夫だよ」

Yさんは苦笑した。

「でもあんた、海の家で働いてるだろ」

「そうだけど」

「さっき部屋のなかで、溺れ死んだッ、て男の声が聞こえたから」

それを聞いたとたん、頭から冷水を浴びたような心地がした。

あの男は、生身の人間ではなかったのか。

母に男のことをいったら、すごい剣幕で、今夜はぜったい外にでるなという。

「連れていかれるよ」

Yさんは海の家に駆けこむとドアの鍵をかけ、朝までそこにこもっていたという。

自慢する家族

去年の九月、糸柳はイベントに参加したSさんという女性から、こんな話を聞いた。

二年前、彼女は当時つきあっていた彼氏から実家に招待された。

彼氏の実家は田畑の多い郊外にあったが、かなりの豪邸で庭も驚くほど広い。庭にはゴルフ練習用のネットやバスケットゴールもある。

実家に入ると、日曜のせいか彼氏が呼んだのか、家族全員が集まっていた。広いリビングに彼氏の両親、兄と弟、祖父母がいた。

「みんな個性的なんです。おとうさんは恰幅《かっぷく》がよくて豪快な感じ、おかあさんはメイクが濃くてめっちゃお喋り、お兄さんはマッチョなスポーツマン、弟さんはギャグばかりいってひょうきん。お爺ちゃんはずっとにこにこして、お婆ちゃんはおとなしくて上品」

みんなはなごやかな雰囲気で喋っていたが、ふと祖父が手招きして庭にでた。

「いいものを見せてあげよう」

彼女が庭にでると、祖父は何本もの棒で支えられた松の木を指さして、

「すごいでしょう。よく見てごらん、宝船の形になっとるから」

祖父によれば、その松の木は売れれば大変な金額になるという。

彼女はまったく価値がわからなかったが、感心したふりをした。祖父は満足げにうなずいて、またべつの木を見せようとする。

困ったなと思ったら、父親が縁側にでてきて手招きした。

「Sさん、そんなところにいないで、こっちにおいで」

彼女がリビングにもどると、父親は大きな額に入った魚拓を持ってきて、

「若狭湾《わかさわん》で釣ったチヌだよ。すごいだろう」

すごいかどうかわからないが、感心するしかない。

すると、こんどは母親が料理の本を差しだして、

「これ自費出版だけど、お料理の先生にほめられたの。ほら、よくテレビにでてるあのひと――」

「はあ――すごいですね」

彼女はいくぶん辟易《へきえき》しつついったが、それからが大変だった。

兄はボディビル大会で準優勝したトロフィー、弟は絵画コンクールに入選した水彩画を自慢する。おとなしかった祖母までが書道コンクール佳作の額を持ってきた。

いちいち感心するのに疲れていると、彼氏がいきなり庭に飛びだしていってバスケットゴールにダンクシュートを決めた。

「正直もう帰りたかったです」

しかし彼氏も家族も無邪気に自慢しているだけで悪意は感じられない。

Sさんは帰りたいのを我慢して、遅くまで実家ですごした。

それから何日か経って彼氏に会ったとき、実家でのことが話題になった。

Sさんは祖父に見せられた松の木を思いだして、

「お爺ちゃんがいってたけど、あの松って売ったらすごく高いらしいね」

Sさんがそういうと彼氏は眼をしばたたいて、

「お爺ちゃんって誰のこと?」

「お爺ちゃんはお爺ちゃんよ。あたしがお爺ちゃんに松を見せられて——」

彼氏は怪訝な表情になって、そのときSさんはひとりで庭にでていったという。

「まさか。そんなはずないじゃん」

彼女は否定したが、彼氏はかぶりを振って、祖父は三年前に亡くなったといった。

「仏壇に写真あっただろ。あのひとがおれの爺ちゃん」

和室を案内されたとき、大きな仏壇があったが、遺影までは見ていない。したがってSさんが会ったのが、祖父と同一人物かどうかはわからない。

けれども祖父が、あの松の木をなによりも大事にしていたのは事実だった。

「もうひとつ不思議なのは、お爺ちゃんに松を見せられてから、みんなが急に自慢話をはじめたことです」

猫の声

去年の六月、糸柳は知人の紹介でNさんという女性に会った。

Nさんは都内の百貨店のサービスカウンターで働いている。

サービスカウンターはフロアの案内、商品券の販売、領収書や駐車券の発行、レジで対応できない商品の包装など業務は多岐にわたるが、客のクレームも寄せられる。

クレームは、ささいなことでも日誌につけて上司に報告する。

Nさんがその百貨店に就職してまもない頃だった。

閉店後、彼女は手書きの日誌をパソコンに入力していた。日誌にはいつものように、さまざまなクレームが書いてある。

店員の態度が悪い、商品のならべかたが変だ、セールの価格をもっとさげろ、なぜタクシーを呼んでくれないのか、落としものの持ち主に身分証明書をだせというのはおかしい。

「そのなかに変なクレームがあったんです。二階のトイレで猫が鳴いてるって」

どの階にもペットショップはない。ペットの同伴はできるが、それが逃げたのなら飼い主から連絡があるはずだ。客の聞きまちがいか、野良猫が迷いこんだのだろうと思った。

何日かして、また似たようなクレームがあった。二階のトイレの個室で猫の鳴き声がするという。気になって先輩の女性社員に相談すると、

「ああ、それはほっといていいよ」

ぶっきらぼうにそういわれたが、理由は教えてくれない。

それからも猫についてのクレームは続いた。クレームはすべて上層部に報告されているはずなのに、対応した様子はない。

ある日、Nさんは商品部の課長に仕事を頼まれて、二階の婦人服売場にいった。

そのとき課長に例のクレームについて訊いた。

「二階のトイレで猫の鳴き声がするってお客さまが多いんです、っていったら――」

「猫じゃなくて、赤ちゃんだよ」

課長は顔をしかめた。課長もそれ以上は教えてくれなかったが、

「社外秘だよ。店の評判に関わるから」

強く念を押された。

最近は二階のトイレのクレームはなくなった。Nさんはのちに原因を知ったが、いまだに社外秘だから詳細は伏せて欲しいといった。

ホラーバーの客

二月下旬、糸柳はK市へ取材にいく前、かつての活動拠点だった大阪に寄った。ついでに知人のHさんという男性が経営するバーに顔をだした。ホラーマニアであるHさんの趣味を反映して店内は暗く、照明は毒々しい赤だ。壁にはホラー映画のポスターがぎっしり貼られ、至るところに殺人鬼やモンスターのフィギュアがある。

ある夜、そのバーに見知らぬ男性客が入ってきた。

一見の客は珍しいうえに喪服姿だったから気になって話しかけると、友人の葬儀の帰りだという。男性はだいぶ酔っているらしく、

「あんなに元気やった奴《やつ》が交通事故に遭うとは、思いもせんやった」

呂律《ろれつ》の怪しい口調でつぶやいた。

Hさんが慰めると、男性はカウンターにあった髑髏《どくろ》の置物を愛おしそうに撫《な》でて、

「人間、結局は骨になるんやから、もっと人生楽しまなあかん」

そのとき店内に流れていた音楽が途切れ、ざざざーッ、とスピーカーからノイズが響いた。Hさんはぎょっとしたが、男性はくすりと笑って、

「焼き場から、連れてきてもうたかな」

とつぶやいた。ほかに客がいないせいもあり、Hさんはますます怖くなった。

男性はしばらく呑んで千鳥足で帰っていった。

Hさんがカウンターを片づけていたら、髑髏の置物がまっぷたつに割れていた。さっきの客の仕業かと思ったが、硬い陶製だから簡単には割れない。そもそも割れたら音がするはずだ。

そういえば、さっきの客は友人が交通事故に遭ったといった。

その友人は交通事故で頭に怪我をしたのではないか。そんな想像におびえていると、ドアが開いて常連客の女性たちが入ってきた。

Hさんが安堵したのも束の間《つかのま》、女性客のひとりが眉をひそめて、

「ちょっと――なにここ？　髪の毛焼いたみたいな臭いがする」

あとのふたりも同意した。

Hさんは早めに店を閉め、急いで自宅に帰ったという。

入院着

去年の十月中旬、上間はイベントにきた看護師の紹介で、Wさんという男性に取材した。彼は臨床検査技師で、都内の総合病院に勤務している。

三年前の冬だった。夕方、Wさんは地下にある倉庫へ機材の確認にいった。リストを片手に機材をチェックしたが、内容の不備ですぐには終わらず、一階にある臨床検査室と倉庫を何度も往復した。倉庫は暖房が入っておらず肌寒い。開けっぱなしのドアから、冷たい空気が流れこんでくる。

「ちょっと寒いな」

Wさんはひとりごちてドアを閉めた。とたんに、あッ、と叫んだ。

倉庫のドアは防犯のために外からはもちろん、なかから開けるのにもカードキーがいる。いちいちカードキーを使うのが面倒だから、ドアを開けっぱなしで作業をしていたが、カードキーは臨床検査室に忘れてきた。それなのにドアを閉めてしまったら、外にでられない。

Wさんはあわてて白衣のポケットを手で探った。スマホは自分のデスクに置いたままだし、倉庫に内線電話はない。

もっとも倉庫の利用者は多いから、そのうち誰かくるだろう。そう思って作業を続けたが、することがなくなっても誰もこない。

倉庫のドアには磨《す》りガラスの窓がある。それを割れば廊下にでられるが、そこまではしたくない。やはり誰かくるまで待とう。

気をまぎらわせるために鼻歌を歌っていると、磨りガラスのむこうに人影が見えた。すみません、と声をかけたが、人影はいなくなった。

すこししてまた人影が見えたから、大声をあげてドアを叩《たた》いた。こんども無視されたが、磨りガラスに眼を凝らすと、青い入院着が見えた。

入院患者が倉庫にくるはずがない。

変だなと思ったとき、隣が霊安室なのを思いだした。

Wさんがおびえていたらドアの磨りガラス越しに、また青い入院着が見えた。もう声をかけるどころではなく、部屋の隅にいってうずくまった。

しばらくして看護師がきたおかげで、Wさんは倉庫から解放された。
人影はたしかに見たが、あとから考えると足音がしなかったという。

ふたりの祖父

去年の暮れ、上間は本書に収録する事故物件がらみの話を探していた。

「大島てる」のおかげで事故物件を見つけるのは容易になったが、物件の所有者や周辺住民に迷惑をかけないよう、踏みこんだ取材はひかえている。

「糸柳さんはダイレクトに話を訊いても、不思議と角がたたないんです。でも、ぼくは繊細ですから、どうしても遠回しな取材になります」

そういう話はないか友人知人に問いあわせたら、Iさんという男性を取材できた。

Iさんは広島在住の会社員で、六年ほど前に不可解な体験をしたという。

「事故物件の話といっていいのかどうか、わかりませんが――」

Iさんはそう前置きして語りはじめた。

当時、Iさんはワンルームマンションに住んでいた。

ある日の早朝、鹿児島の実家に住む祖父が急に部屋を訪ねてきた。

祖父はIさんの母から住所を聞いたというが、事前になんの連絡もなかったから驚いた。しかもタイミング悪く、ゆうべから彼女が泊まっている。

とはいえ高齢者が遠方からきたとあって、追いかえすわけにもいかない。Iさんはまだ寝ていた彼女を叩き起こすと、祖父を招き入れた。

「爺ちゃんにどうしたのって訊いても、はっきりいわないんです。ちょっと用があるから三日くらい泊めてくれって――」

三人は茶を飲んだが、気まずい雰囲気で会話は弾まない。

Iさんと彼女は仕事があるから、祖父を残して出勤した。彼女とは同棲《どうせい》に近い生活をしていたが、彼女は祖父が泊まっているあいだ、自分の部屋にもどるといった。

「ぶっちゃけ迷惑だけど、まいいかって。ただ、なにしにきたのか気になって――」

職場へむかう途中、母に電話して事情を訊くと、広島方面へいったのはたしかだが、なんの用かは知らないという。

「ぼくんちに泊まるとは、いってなかったそうです。ただ、ちょっと顔をだすかもしれん、っていってたそうですけど――」

祖父は七十すぎだが、認知症の兆候はなく軀も至って元気である。なんの用事でこっちにきたのか、さっぱりわからなかった。

その夜、Iさんは仕事帰りにデパ地下に寄り、祖父の好きそうな惣菜《そうざい》や菓子を買った。部屋にもどると、祖父は床で横になっていた。

眠っているのかと思ったら、顔が紫色になっている。肩を揺さぶっても反応がない。あわてて救急車を呼んだが、駆けつけた救急隊員に祖父の死を告げられた。

救急隊員は祖父を病院に搬送せず、警察に連絡した。病院以外での死亡や主治医がいなくて死亡診断書がない場合、たとえ老衰死でも変死としてあつかわれる。

変死は事件性が疑われるので警察の現場検証、監察医もしくは嘱託医による検死がおこなわれ、死体検案書が交付されるまで葬儀はできない。

「そのせいで大変でしたけど、死因は心筋梗塞だってわかりました」

Iさんは葬儀社の車で、祖父の遺体とともに鹿児島へ帰った。

彼女には、祖父が急死したので帰省することを伝えた。ところが通夜の最中に彼女から電話があった。彼女は尖《とが》った声で、

「お爺ちゃん、部屋にいたんだけど——」

「えッ、どういう意味？」

彼女はさっき、着替えをとりにIさんのマンションにいった。合鍵でドアを開けて部屋に入ったら、祖父が床に坐っていた。祖父は微笑して、こんばんは、といった。

彼女は混乱したが、祖父は生きているようにしか見えない。

「あの、Iさんと一緒に鹿児島へ帰ったと聞いたんですが――」

「いんや。もうすこし、ここにおるよ」

「そうだったんですね。すみません」

彼女は着替えをとると、急いで部屋をでた。

きっとIさんが嘘をついたにちがいない。彼女は頭にきて電話したといった。

Iさんは驚きつつも、彼女は幻覚を見たのだろうと思った。しかし彼女はぜったいに祖父がいたといって譲らない。スマホで祭壇を撮って送ったら、ようやく納得したが、こんどは怖がって泣きだした。

祖父の葬儀が終わり、Iさんは広島へもどった。

祖父が急死したうえに彼女は祖父を見たというから、部屋に入るのは怖かった。

むろん室内には誰もおらず、変わった様子はない。けれども、その夜から金縛りに遭うようになった。身動きできずに焦っていると、誰かのうなり声や苦しげな息遣いが聞こえる。

「祖父のことがあったから、精神的に疲れてるんだと思いました」

だが異変はそれだけではなかった。

夜に仕事から帰ってくると、室内の様子が微妙にちがう。コーヒーカップやティッシュの箱や雑誌といったものが、本来あった場所から動いている。

さすがに心細くなったが、彼女はまだ怖がっていて泊まりにこない。

「祖父を見たんだとしたら無理もないです。祖父は変死なので、いちおう事故物件ですし——」

祖父はまだ、この部屋にいるのかもしれない。

Iさんは毎朝、祖父の遺影に線香をあげて合掌した。

隣室の住人から線香臭いと文句をいわれて、線香をあげるのはひかえたが、遺影を拝むのは続けた。

ひと月ほど経って金縛りはやみ、ものが動くこともなくなった。

「祖父は、やっと成仏したんだなって思いました」

一年後、Iさんは彼女と同棲することになった。

引っ越しのときにベッドを動かしたら、ベッドの下に手提げバッグがあった。

使い古した革のバッグで、Iさんや彼女のものではない。不審に思いつつバッグを開けたら、白い紙が一枚入っていた。

その紙には、黒いボールペンで「遺書」とだけ書かれていたという。

通りすぎるもの

上間が事故物件の話を集めているのを知って、Uさんという女性から連絡があった。彼女の妹が前に住んでいた都内のアパートに幽霊がでたという。

もっともその幽霊は顔も軀もなく、白いもやのようだった。深夜になると窓から入ってきて玄関を通り抜けていく。

それがあらわれるのは照明を消しているときだけで、時刻はたいてい午前二時頃だった。はじめは幻覚だと思っていたが、彼氏が泊まりにきたとき、

「いま、なんか通ったね」

といわれて幻覚ではないとわかった。

「この部屋って、きっと事故物件よ」

妹がそういって悩んでいたので、Uさんは「大島てる」で検索してみた。

すると妹のアパートでは、なにも起きていない。

「ほら見て。事故物件じゃなかったよ」

Uさんは「大島てる」で検索した地図を妹に見せた。これで安心すると思ったが、

「やっぱり――」

妹は溜息まじりに地図を指さした。そこには事故物件が異様なほど集中している。

妹のアパートからは数百メートルの距離だ。

「この方向に、うちの窓があるの。で、こっちの方向が玄関」

その方向に事故物件はなく、有名な神社があった。妹のアパートは事故物件が集中している地域と神社を結ぶ直線上にある。

「だから、あたしの部屋を幽霊が通っていくんだと思う」

妹はそれからまもなく引っ越したという。

同窓会の電話

去年、糸柳は出版社の忘年会で、Yさんという男性に会った。

彼は五十歳で、都内の広告代理店に勤めている。

十年ほど前、実家がある四国で高校の同窓会があった。

同級生たちと会うのはひさしぶりだから、大いに盛りあがった。が、みんなは地元で暮らしているだけに共通の話題に乏しく、溶けこめない部分もあった。

「ぼくは高校時代の話がしたかったんで、そこにきてない同級生がどうしてるか訊いてたんですが——」

おなじクラスだったAさんとMさんが他県で結婚したという。

そういえば、ふたりは高校の頃から仲がよかった。いい話だなと思ったら、男性たちが暗い表情になった。誰かが重い口調で、

「Mちゃんは、子どもと無理心中したんだ。Aの不倫が原因らしい」

Yさんが思わず嘆息すると、

「そんなの嘘よ。きのうMちゃんから電話があったのに」

女性のひとりが甲高い声でいった。

「用があって同窓会にはいけないけど、また会おうね。Kちゃんにもよろしく伝えといて、って」

するとほかの女性たちも、きのうMさんから電話があったといいだした。内容はまったくおなじで、Kさんへの伝言を頼むのも共通していた。

Kさんはおなじクラスだった女性だが、もう何年も同窓会にきていない。どうしているのだろうと誰かがいったとき、さっき声をあげた女性のスマホが鳴った。

彼女はスマホの画面を見るなり顔色を変えて、

「Kちゃんから」

一同は身を乗りだしたが、彼女はもしもしと声をかけるばかりで、会話がはじまらない。彼女は電話を切って首をひねると、

「ざあざあ雑音がするだけだった」

すこしして彼女は電話をかけなおしたが、こんどはつながらなかった。

後日、Mさんが子どもと無理心中したのは事実だとわかった。

さらにMさんが伝言を残したKさんは、数年前から行方不明で家族から捜索願がでているという。

石を投げる老人

去年の十一月、上間は取材を兼ねて都内のショットバーにいった。

バーの従業員や客と喋っていたら、老人介護のことが話題になった。上間はかつて介護の仕事をしていたから、そのへんにくわしい。

「怪談のことは話してなかったんですけど、隣のお客さんが変わったお年寄りを見たっていうんです」

その客はSさんという男性で郊外に住んでいる。

ある日、愛犬を散歩に連れていき、近くの河原を通りかかると顔見知りの老人がいた。老人はひとり暮らしで古い一軒家に住んでいる。古い住人だけにSさんの両親も知っているが、ときおり立ち話をする程度のつきあいだった。

老人はスーパーのレジ袋を持っていて、そこからなにかをつかみだしては川にむかって放り投げている。なにをしているのか訊くと、

「庭を掘ったら、いっぱい石がでてきた。邪魔だから捨てとる」

老人はそういったが、腕力がないせいで石は川まで届かず、みんな手前に落ちている。老人は退屈しのぎに庭いじりをはじめたという。

庭から石がでてきたのは、そのせいだろうと思った。


それから何日か経って、老人が施設に入れられたと母から聞いた。

認知症が急に悪化したので、見かねた親戚が施設に相談したらしい。けれども、このあいだ会ったときは、ちゃんと会話もできたし認知症には見えなかった。

母にそれをいったら、老人は保護されるとき、

「庭から動物がでてくるって騒いでたそうです」

Sさんは老人が石を投げていたのを思いだし、犬を連れて河原にいった。

老人が投げた石は、河岸に積もるほど落ちていた。石はどれも球形で土にまみれている。拾ってみたら、それはちいさな地蔵の首だったという。

おばけ小屋

Sさんが老人の話をしたのをきっかけに、店内の話題は怪談に移った。おかげでMさんという男性から、もうひとつ話を聞けた。

Mさんの実家は、山あいのちいさな町にある。

三十年ほど前、実家のそばに古い寺があった。彼が物心ついた頃から廃墟《はいきょ》になっていたが、その寺の境内にぼろぼろの小屋があった。

「みんなは、おばけ小屋って呼んでました」

といって特になにかがでるという話は聞かなかった。

Mさんが小学校四年のときだった。

ある朝、学校にいくと同級生が教室でわいわい騒いでいる。

「きのう、おばけ小屋で肝試しをしたら、幽霊がでたっていうんです」

その幽霊は幼い女の子で、丈の短い着物姿だったらしい。女の子はふわふわ宙に浮かんでいて、怖がる同級生たちを追いかけまわした。

怖がる者もいれば、嘘だろうと冷やかす者もいた。肝試しにいった同級生たちは、みんな見たんだから、まちがいないといった。

Mさんは半信半疑だったが、その日の夕方、町内放送が流れた。

「今夜おばけ小屋でお祓いをするから、子どもは近寄るな、っていうんです」

それを聞いて、ほんとうに幽霊がでたのだとおびえた。

夜になると、近所の大人たちはこぞっておばけ小屋にいった。

Mさんの両親もおばけ小屋にいったので留守番をさせられた。しかし当時はさほど奇妙だと感じず、お祓いとはそういうものだろうと思った。

やがて両親は帰ってきたが、お祓いでなにをしたのかは教えてくれない。

翌朝、学校にいったら、担任の男性教師がなぜか顔をぱんぱんに腫らしていた。

教師は腫れあがった唇を震わせて、

「今後、おばけ小屋には、ぜったいいかないように」

ゆうべのお祓いのことがあるから、生徒たちは静まりかえった。

でないとまた、と教師は続けて、

「昔みたいに連れていかれるから――」

最後の言葉がたまらなく怖かった、とMさんはいった。

線香の煙

上間は以前、Dさんという男性からこんな話を聞いた。

その夜、Dさんは仕事を終えて駅から自宅へむかっていた。

夜道を歩いていたら、近所のゴミ捨て場の前でタクシーが停まった。制帽にワイシャツ姿の運転手がおりてくると、白っぽい箱を捨てて去っていった。

「なんだろう――」

気になってその箱を見たら、白い風呂敷《ふろしき》に包まれた骨壺だった。気味が悪かったが、放っておくのも不憫《ふびん》に思えた。

ひとまず家に持って帰ったら、妻は烈火のごとく怒った。

「冗談じゃないわよ。なんで骨壺なんか持って帰るのッ」

あまりの剣幕に恐れをなして、骨壺をもとのゴミ捨て場にもどしてきた。

翌日からゴミ捨て場の前を通るのが怖くて、仕事の行き帰りはまわり道をした。
それと同時に、わが家が急に肌寒くなった。冬でもないのに鳥肌が立ち、どこから
か線香の匂いがする。妻はまた怒り狂って、
「ほうら、いわんこっちゃない。あの骨壺の祟りよ」
祟るのなら、こっちじゃなくてタクシーの運転手だろう。Dさんはぼやいたが、妻
の怒りも怪異もおさまらない。
悩んだ末に僧侶を呼んで、お祓いをした。
僧侶は壁際に祭壇をしつらえ、経をあげた。読経がはじまってしばらくすると祭壇
に供えた線香から、ありえないほど大きな煙が立ちのぼった。
やがてその煙は人間のような形になってから、不意に消えた。
「あの運転手も祟られたから、骨壺を捨てたのかもしれん」
とDさんは思った。
その後、怪異はおさまったが、骨壺がどうなったのかはわからないという。

霊視の値段

去年の十一月、糸柳は大阪の十三《じゅうそう》にある居酒屋で取材を兼ねた呑み会を催した。その席でJさんという男性が語った話である。

あるとき、Jさんの母親が霊能者に運勢をみてもらうことになった。霊能者といえば、うさんくさい人物も多いから彼は母親に同行した。

「変な壺でも売りつけられるんやないかと心配やったんで」

霊能者は六十がらみの女性で、母親の体調や将来についてあれこれ助言をした。当たっているのかどうかわからないが、母親はしきりにありがたがっている。それで料金は二千円だった。思ったよりも安いから、

「おれもみてください」

とJさんはいった。霊能者は彼の顔をしばらく見つめてから、

「奥さんを、もっと大事にせな。仕事もまじめにせなあかん」

あらためていわれるまでもないことだから、Ｊさんは不満で、

「それだけ？　ほかになんかないですか」

霊能者は眼をつぶって沈黙した。

気が遠くなるほど長い時間が経って、霊能者はようやく目蓋を開けると、

「火やな」

「火？」

「もうじき火事がある。ひとがようさん死ぬよってに気ィつけなはれ」

あんたの家やないかもしれんけど、と霊能者はつけ加えた。

長く待たされたあげくにあやふやな予言だから、ますます不満だった。といって、これ以上なにか訊くのも面倒だから、二千円を払おうとしたら、

「あんたは五千円」

霊能者はにべもなくいった。

「え？　なんでおれだけ五千円なん」

さんざん文句をいうと、霊能者は千円だけ値引きした。いうことだけでなく値段も適当で、うっかり運勢をみてもらったのを悔やんだ。

ところが数日後、すぐ近くの集合住宅で火事があり、十名が死亡したという。

マンションの過去

取材時期ははっきりしないが、糸柳が大阪で聞いた話である。

ある夜、Rさんという主婦が惣菜を買いにスーパーへいった。

自宅のあるマンションに帰ってくると、エントランスの前に初老の男が立っていた。高級そうなスーツを着た男は、マンションをじっと見あげている。

Rさんがエントランスに入ろうとしたら、

「すみません」

と男がいった。はい、と彼女は答えて足を止めた。

「つかぬことをおうかがいしますが、このマンションはいつ頃建ったんでしょう」

「たしか築十何年かだと思いますすけど」

「ここが建つ前にあったビルは、ご存知ないですか」

「さあ——前はこの近所じゃなかったもので」

Rさんはそういったが、男はそのビルにあった会社名や従業員のことを口にして、

「どなたか、わかるかたはいませんか」

管理会社か不動産会社に訊けばわかるかもしれないと思ったが、それをいおうとしたら、もう男はいなかった。彼女は驚いて通りを見渡した。

やはり男はいない。仮に走ったとしても一瞬で姿を消すことはできない。いったいどこへ消えたのかと思ったら、急に怖くなった。

Rさんは夕食のとき、男のことを夫に話した。笑われるかと思ったが、夫は不思議がって、このマンションが建つ前になにがあったか調べてみるといった。

夫が調べた結果、マンションの敷地には商業ビルがあったと判明した。

そのビルのオーナーは町内会の役員で、すでに亡くなっていた。けれども男が口にした会社は、そのビルに存在した。

昔からの住民に訊いてみると、オーナーの容姿はRさんが見た男にそっくりだったという。

隣室の音

これも糸柳が大阪で、Tさんという二十代の男性に聞いた話である。

Tさんは七年前まで淀川区《よどがわく》のマンションに住んでいた。そのマンションに引っ越してまもない夜、隣の部屋から耳障りな音がした。

がりがりがりがり。

がりがりがり。

壁を引《ひ》っ掻《か》くような音が一定の間隔をおいて聞こえてくる。はじめは我慢したが、毎晩聞こえるから気になって眠れない。

たまりかねて管理会社に電話した。電話にでた担当者はやけに恐縮して、

「誠に申しわけございません。今後そういうことがないよう、お隣のかたに注意しておきますので――」

これでおさまるかと思いきや、その夜も壁を引っ掻くような音がする。

文句をいいたいが、隣人がどういう人物かわからない。男か女かもわからないし、ストーカーのような性格だったら、あとが面倒だ。そう思って我慢した。

それから何日か経った夜、Dくんという友人が遊びにきた。

Dくんはヤンキーで喧嘩っ早《ぱや》いが、高校時代から仲がよかった。ふたりで酒を呑んでいると、また隣から音がした。

がりがりがり。

がりがりがり。

「これ、なんの音や」

Dくんが訊いた。Tさんが事情を話すと、Dくんは憤慨して、

「おれが文句いうたるわ」

「やめとけ。どういう奴かわかれへんから」

「どういう奴でもかまへんわ。夜中にやかましいんじゃ」

Dくんは止めるのも聞かず、部屋をでていった。暴力沙汰になるのを心配していたら、まもなくDくんがしかめっ面でもどってきた。

「どやった？」

「誰もおらん」

「おらんはずないやろ。居留守とちゃうか」

「いや、鍵あいとった。なか入ったら家具もなんもない。空き部屋や」

「えッ」

Tさんは思わず大きな声をあげた。

次の瞬間、どんッ、と隣から壁を叩く音がして、ふたりは飛びあがった。


翌日、Tさんはふたたび管理会社に電話した。あいかわらず隣室から音がすることを担当者に話すと、また隣人に注意しておくという。Tさんは声を荒らげて、

「なにいうてんねん。隣は空き部屋やないか」

とたんに担当者は、しどろもどろになった。なぜ嘘をいうのか問いただしても理由はいわず、引っ越すなら費用は全額負担するといった。

Tさんはその条件を呑んで、べつのマンションに移った。

のちに「大島てる」の存在を知り、前に住んでいたマンションを検索すると、隣室では男性の首吊り自殺《じさつ》が起きていたという。

留置場の落書き

二十年ほど前、糸柳は兵庫県のある警察署を見学にいったことがある。

「特に理由はないねん。知りあいの警官が、見るか？　ていうから見にいった」

警察署の地下には、泥酔者を収容するための保護室があった。しかし保護室とは名ばかりで、鉄格子や外から丸見えのトイレは留置場とおなじだった。

ある夜、糸柳の知人の男性が泥酔して、その保護室に収容された。

「そいつは、ずっと眠っとったつもりやったけど――」

翌朝になって、留置担当官と呼ばれる警官にこっぴどく叱られた。

「おまえ、ゆうべのことおぼえてんのかッ。なんべんもなんべんも、おれを呼びつけやがって」

男性はまったくおぼえていないが、彼は大声で警官を呼んでは、

「こいつ、うるさくて寝られへん。どうにかしてーな」

と訴えていたらしい。けれども保護室には男性しかいない。

「わけのわからんこというな。はよ寝れッ」

警官が怒鳴りつけると、男性は背後を振りかえって、

「堪忍な堪忍ないうてるやん。こいつ、なにあやまってんねん」

「まだ酔うてるんか。ええかげんにせいッ」

警官はまた怒鳴ったが、男性の後ろに誰かいるように見えた。警官は気味が悪くなったので、それからは彼が呼んでも相手にしなかったといった。

いわれてみれば自分の背後で、誰かがしきりに詫《わ》びていた気がする。男性がそれをいったら、ほうら見ろ、と警官はいって、

「また酔っぱらうたら、おばけおる牢屋《ろうや》に入れるぞ」

子ども相手のような説教をされた。


糸柳が警察署へ見学にいったとき、留置場の鉄格子の上にたくさんの落書きが彫りつけてあった。過去の留置人が残した懺悔《ざんげ》の言葉がほとんどだったが、そのなかに、

「殺してすまん、殺してすまん、て書いてあったわ」

その警察署はのちに取り壊され、べつの場所に移転したという。

墓参りにきた甥《おい》

去年の十月、上間は出版社のパーティに参加した。

その席でFさんという男性から、こんな話を聞いた。

Fさんの実家は岐阜県で、最近まで土葬の風習が残っていた。遺体を埋葬するのは本家の裏山で、盆や彼岸には親戚一同で墓参りをする。

墓までは急な山道をのぼっていく。幼い子や高齢者もいるから墓参りは大変で、かなりの時間がかかる。

二十年ほど前の盆の入り——盆の初日だった。

Fさんたち一族は、昼から総出で墓参りにいった。そのなかにSくんという大学生がいた。彼は妹の息子つまり甥っ子だが、妹は遠方に住んでいるので今年は帰省しなかった。

墓参りを終えて山をくだっていると、いつのまにかSくんがいない。

どこへいったのかと思ったが、道に迷うほど深い山ではないから心配はしなかった。墓参りのあとは、本家で会食をするのがならわしである。


一同が本家にもどったら、Sくんがいた。

喪服姿で、ぼんやり玄関の前に立っている。

「おや、もうもどってたのか。いつのまに追い越したんだ」

Fさんは訊いたが、Sくんは眼をきょろきょろさせて答えない。

「まあいい、なかに入れよ」

Sくんをうながして玄関に入った。

まもなく出前の鮨が届いて会食がはじまったが、またSくんがいなくなっていた。

本家は広いから、どこかで寝ているのかと思った。

ところが、夕方になってFさんの妹から電話があった。Sくんがけさ帰省する途中で交通事故に遭い、意識不明の重体だという。

「いま病院なの。連絡が遅くなってごめん」

「まさか――そんなはずないぞ」

Sくんは一緒に墓参りにいったし、さっきまで座敷にいた。

Fさんはもちろん親戚は、みんなSくんを見ている。ぼんやりはしていたが、ちゃんと喪服も着ていた。妹にそれをいうと、Sくんが死ぬのではないかと泣きだした。

「心配するな。きっと大丈夫さ」

妹をなだめて電話を切ると、親戚たちと本家のなかを捜した。しかし彼はどこにもいなかった。

数日後、Sくんは意識を回復した。後遺症もなく無事に退院したが、墓参りにいった記憶はまったくないという。

古民家の井戸

去年の十月、糸柳は大阪へ取材にいった。

取材を終えて帰る直前、奈良県に住むGさんという男性からメールが届いた。

Gさんがいま住んでいる家で、不可解なことがあるという。

糸柳は予定を変更して奈良へむかい、彼の自宅を訪れた。


Gさんが住んでいるのは、古民家をリフォームした一軒家だった。

家を購入したのは十四年前で、リフォームする前はあちこちが傷んでいた。

「風呂の蛇口をひねったら茶色い水がでる。その水もすぐに止まるから、業者を呼んだんです」

業者は水道管を替える必要があるというから、工事を依頼した。業者は床下に入って作業をしていたが、しばらくしてスーパーのレジ袋を持ってでてくると、

「こんなものがありました」

レジ袋のなかには、動物のものらしい骨がいくつも入っている。業者によれば床下に古い井戸があり、そのまわりに骨が散らばっていたという。

床下に入った動物がたまたま死んだにしては、あまりに数が多い。井戸があったのも知らなかっただけに、よけい不気味だった。Gさんが青ざめていたら、

「まだまだありますよ」

と業者はいった。Gさんは骨をすべて回収するよう頼んだ。

業者が集めた骨はレジ袋がいっぱいになるほどあった。

骨を調べたら、ちいさな頭蓋骨が六つあった。形状からして猫の骨らしいが、なぜ床下にあったのかはわからない。

その翌日から、庭に猫が集まるようになった。

それまで野良猫は見かけなかったのに、次々と猫がやってくる。猫たちはみな庭で腹這いになって、床下をじっと見つめている。

Gさんは猫好きだが、さすがに怖くなった。それ以上に妻はおびえて、猫よけの薬を撒《ま》いたりペットボトルをならべたりした。けれども、ほとんど効果がない。

「このままだと、なにかよくないことが起きるんじゃない？」

「まあ、猫も悪さをするわけじゃないから」

心配する妻をなだめて何か月かがすぎた。


ある日、妻は女友だちとショッピングモールへいった。

ふたりで買物をしていると、施設内の一角に占いのコーナーがあった。ふだんは占いなど信じていないが、精神的に疲れていたせいで、その気になった。

女性の占い師に運勢をみてもらうと、家のことはなにも話していないのに、

「おたくの床下には、井戸がありますね」

いきなりそういわれた。占い師は続けて、

「その井戸に、なにかの骨がある」

妻は驚いて、井戸のまわりに猫の骨があったといった。すると占い師は、

「まわりだけじゃなくて、井戸のなかにもたくさんある」

早くお祓いをして井戸を埋めたほうがいいという。

Gさん夫婦は、さっそく神主を呼んでお祓いをし、業者に井戸を埋めてもらった。

その効果があったのかどうか、夫婦はこれといった不幸には見舞われていない。

しかし、それから十四年が経ったいまも、猫は庭に集まってくる。

糸柳はGさん宅について各方面で調べたが、結局なにもわからなかった。

「ただ猫は庭にようさんおって、床下じーっと見とったわ」

顔がマジかわいかった、と糸柳はいった。

かぶさっている

三月中旬、糸柳はツイッターに寄せられた情報をもとに、仙台へ取材にいった。

新型コロナウイルスの感染が全国に拡大しつつあり、いまのうちに本書に載せる話を集めておきたかった。

目的地の塩竈《しおがま》へいく前日、糸柳は仙台のホテルにチェックインすると夜の街にでた。特にいくあてはなかったが、不慣れな土地では飲食店で話を聞くのが常である。

適当な店を探して商店街を歩いていたら、大学生らしい男性がふたり、牛タン屋の横にしゃがんでいた。

「めっちゃひまそうやから、幽霊でるとこ知らん？　ていきなり声かけた」

するとひとりが嬉々《きき》とした表情で、幽霊って怖いっすよねえ、といった。もうひとりもはしゃいで、高校のとき、ここで笑い声聞いた奴がいますよ、といった。

「それ、二組の××じゃね？」

「ちげーよ。××だよ」

「あいつか。あいつんち火事になったって。マジやべーよな」

「火事になったのは三組の××」

「だから、そいつも笑い声を聞いたとき、一緒にいたんだよ」

「まあまあまあ」

糸柳はいい争う彼らをなだめると、あらためて話を聞いた。


ある夜、高校でおなじ学年だったふたりがこの商店街を歩いていた。

それほど遅い時間でもないのに、商店街は通行人もなく静まりかえっている。

「なんかキモいな。おばけがでるんじゃね？」

ひとりがそうつぶやいたとき、

「あッははは」

背後から女の甲高い笑い声がした。振りかえったが誰もおらず、驚いたふたりは走りだした。とたんにすぐ後ろでまた、

「あッははは」

女の笑い声は商店街をでるまで追いかけてきたという。

それだけの話で因果関係はまったくわからない。ほかになにか知らないか訊くと、

「うちのおやじが呑みにいくと、おふくろがいうんです。あのへんは怖いよ。ふらふらしてたら取り憑かれるよって」

ひとりがそういった。

なにが取り憑くのかさだかでないが、あのへん、というところでは事件や事故が多いらしい。糸柳は彼の父親が呑みにいくという繁華街を聞いて、その場を離れた。


目的の繁華街に着いてバーを何軒かまわった。

それとなく怪談がらみの話をしながら取材のきっかけを探していると、

「うちのお客さんで、変わったひとがいますよ」

ある店の男性従業員がそういった。

「幽霊が見えるとか、そういうひとですか」

「いえ、ときどき変なことをいうんです」

その男性客は大学教授で極端に無口だという。

「お客さんとはぜったい口きかないし、ぼくともあまり喋らないんです」

いつも静かに呑んでいるが、ときおり妙なことをつぶやく。

「さっき、そこにいた女の子、やばいね」

「なにがやばいんですか」

「また黒いのがかぶさってた」

黒いのがなにか訊いても答えない。ぼそぼそした喋りかたが不気味だが、もっと不気味なのは、教授が「かぶさってた」といった客は決まって店にこなくなることだ。

「それがたいてい夜の商売の子なんです」

店として客がこなくなるのは困る。けれども教授に原因があるとも思えない。


ある夜、常連客のSさんという女性が呑みにきたとき、教授がカウンターにいた。Sさんが帰ったあと、教授はまた「あの子にもかぶさってる」といった。彼女もやはり夜の商売をしていたが、それっきり店にこなくなった。


後日、従業員の男性が呑みにいったとき、Sさんの女友だちに会った。

「Sちゃん、どうしてる？　最近うちにこないけど」

そう訊ねたら、Sさんは事故で亡くなったという。

従業員の男性はそれを聞いて、ぞっとした。教授が「かぶさっている」といった客が店にこなくなるのは、Sさんのように不幸に見舞われたからではないか。
その教授は、大学で化学を教えているという。

防護ネットのあるビル

糸柳はそのあと、べつのバーの従業員に幽霊がでるというビルの話を聞いた。詳細はなぜか教えてもらえなかったが、ビルの場所はわかった。現地にいってみると、かなり大きなテナントビルで飲食店や風俗店が軒を連ねている。

どこかの店に入って話を聞こうと思ったら、金髪の若い男性が声をかけてきた。

「どういうお店をお探しですか」

男性は風俗店のキャッチらしい。糸柳はいくぶん酔っていたので、

「幽霊がでる店はありますか」

冗談半分で訊いた。幽霊？　と男性はつぶやいて、

「もしかして、花屋さんの知りあいですか」

「花屋さん？　花屋さんが幽霊と関係あるの」

「いや、あれのことかと思って」

男性はビルの吹き抜けを指さした。吹き抜けの上には夜空が見え、緑色のネットが三階に張ってある。恐らく飛びおり防止の防護ネットだと思って、

「そうそう。自殺のこと」

「ああ、やっぱバレてますよね。いわないでっていったのに――」

彼のいうことはいまひとつわからないが、糸柳は話をあわせて、

「そのときのことを聞かせてください」

「んー、あんま思いだしたくないけど――」


その夜、彼は花屋の店主である男性を三階の店に案内した。

ふたりで通路を歩いていたら、びゅん、と音がして防護ネットを張るためのロープがフックごと飛んできた。

次の瞬間、ばしーんッ、と階下で大きな音が響いた。吹き抜けから下を覗いたら、破れた防護ネットの上に女性が倒れていた。飛びおり自殺である。

亡くなった女性の素性はわからないが、それ以降ビルの通路に幽霊がでるという噂が広まった。もっとも、このビルは前からその手の目撃談が多いらしい。

「もっとくわしいひとがいるんですけどね」

彼がそうつぶやいたとき、色の薄いサングラスをかけた五十がらみの男性が通りかかった。あ、ちょうどきた、と彼はいって男性を呼び止め、

「××さん、このビルって幽霊でますよね」

「ああ、でるでる。昔からそうよ」

サングラスの男性によれば、テナントの店の経営者や従業員をはじめ、客もしょっちゅう怪異に遭遇するという。

ある夜、スナックに勤める女性たちが客の見送りをしていたら、身知らぬ女がすごい勢いで通路を走ってきた。女は通路を突っ切って壁のなかに入っていった。

女性たちが悲鳴をあげると、すぐそばの店からママがでてきた。

「うるさいわねえ。静かにしてよ」

ママは尖った声をあげたが、ふと怪訝な表情で鼻をひくつかせて、

「なんだか線香臭いわね。どこで線香焚《た》いてるの」

そういったせいでスナックの女性たちはよけいにおびえたという。

「その女が消えた壁は、もともとは窓やった。でも、そこからふたり飛びおりたから、窓を埋めて壁にしたんよ」

「ふたりも、ですか」

「ふたりどころじゃない。だいたい年にひとりは飛びおりてるね。表沙汰にはなってないけど、このへんじゃ有名よ」

そのビルを「大島てる」で調べてみると、スナックのママの首吊り自殺が二件と女性の飛びおり自殺が二件あった。

プレデター

翌朝、糸柳は電車で塩竈へむかった。

ツイッターに寄せられた情報はふたつで、ひとつは某中学校の裏に落ち武者が出現する、もうひとつは二段踏切《ふみきり》と呼ばれる心霊スポットがあるというものだった。

どちらも詳細は不明で心もとないが、新型コロナの感染がさらに拡大すれば、次はいつ宮城県で取材できるかわからないだけに贅沢《ぜいたく》はいえない。

ゆうべの取材で二日酔いになったせいで歩くのがつらく、塩釜駅からタクシーに乗って目的の中学校に着いた。中学校はすでに臨時休校しているから近所の住人に取材しようと思ったが、早い時間とあって通行人がいない。

犬の散歩をしている男性に声をかけたら、犬に咬《か》みつかれた。近くの民家を訪ねても、まったく応答がない。ひとりだけ玄関先に立っていた主婦に、

「本の取材で、このへんの土地について調べてるんですが――」

そう声をかけたら、あからさまに厭な顔をされた。糸柳はめげずに、

「ご町内で、昔から住んでるかたはいらっしゃいませんか」

「んだらば、Oさんとこの婆ちゃんさ」

主婦は通りのむこうにある一軒家を指さした。

主婦に礼をいってその家を訪ねると、五十がらみの男性がでてきて、母はあいにく入院しているという。落ち武者がでるという中学校について訊いたら、

「おらもその中学通ってたけど、そったな話聞いたことないね」

「そうですか――」

糸柳は落胆しつつ、なにか不思議な体験はないか訊いた。男性はしばらく考えこんでいたが、あッ、と大声をあげた。

「プレデター見たことある。中学んときに」

「プレデター？」

ご存知の読者も多いと思うが、プレデターとはアーノルド・シュワルツェネッガー主演の映画で、特殊部隊が遭遇する地球外生命体である。

その日の放課後、男性はおなじクラスの生徒たちと体育館のそばで喋っていた。

ひょうきんな男子のひとりがテレビドラマのものまねをして、女子たちが笑っていた。調子に乗った男子はあたりを飛び跳ねていたが、急に動きを止めて、

「あれ、あれ見てッ」

体育館の裏を指さした。

そこに眼をやると、得体のしれないものがこっちへよたよた歩いてくる。

背丈は大人の男くらいで、むこうが透けて見える。

生徒たちは一瞬あっけにとられたが、まもなく悲鳴をあげて逃げだした。

「あれは、ぜったいプレデターだっちゃ」

ひょうきんな男子はそう力説したが、いまだに正体はわからないという。

糸柳はそのあとも取材を続けた。けれども落ち武者の話は聞けずじまいだった。

石段の声

糸柳は落ち武者の取材はあきらめて、二段踏切について調べた。しかし、めぼしい情報は得られなかった。

「まあ、あわてて取材にいったのが悪いんやけどね」

途方に暮れて歩いていたら、スーパーのレジ袋を持った中年男性が道ばたに坐っていた。こっちを見て笑ったから会釈したとたん、彼は道路に唾を吐いて、

「どうなるかも知らんくせに――」

そうつぶやくと立ちあがって歩きだした。意味ありげな台詞《せりふ》が気になるから、あとを追いかけると男性は動揺した様子で、なんの用かと訊く。踏切について訊いたが、知らないと答えた。

「なにかそういう話はご存知ないですか。怖い話とか不思議な話とか」

すると男性は、近くにあるS神社の話をはじめた。

S神社は海の安全や安産にご利益があるとされ、二百二段の長い石段で知られている。かつて男性の母親は、毎朝その石段をのぼって参拝するのが習慣だった。

ある日の朝、参拝を終えた母親が石段をおりていると、

「たかよ――」

やまびこのような声がした。風が強い日で、境内の木々の葉擦れの音かと思ったが、耳を澄ますと葉擦れのざわざわという音にまじって、

「たかよ――」

また声がした。貴代《たかよ》といえば叔母の名前だ。

空耳だと思いつつも気になるから、家に帰って叔母に電話した。誰もでない。

母親は胸騒ぎをおぼえて、仙台に住む叔母の家へいった。

ところが叔母はなにごともなく、居間で茶を飲んでいた。ちょうど庭いじりをしていたので電話に気づかなかったという。

母親は安堵して塩竈へ帰ってきた。夕飯の支度をしていると夫から電話があって、義弟が脳梗塞で倒れたといった。命に別状はなかったが、義弟が倒れたのは、ちょうど母親がS神社の石段で声を聞いた時刻だった。

義弟の名前は、隆夫《たかお》だという。

光の玉

糸柳は、続いてS神社へ足を運んだ。

さっきの男性に聞いたとおり長い石段で角度も急だったが、年配の参拝客が多い。朱塗りの拝殿に手をあわせている老婦人に声をかけた。彼女は、この地へ嫁いだときからお参りを欠かさないという。

老婦人にはこれといって不思議な体験はないが、お参りのあと眼を開けたら、ときどき光の玉があたりを漂っている。それは決まって上にのぼっていき、不意にかき消すように見えなくなる。

光の玉を見たときは、まもなく自分や家族に幸運なことがあるという。

「それ聞いて思いだしたんやけど、おれもおんなじような話を聞いたことある」

ある主婦が庭の花壇に水をやっていたら、桜色をしたしゃぼん玉のようなものがこっちに飛んできた。はじめは虫かと思ったが、翅《はね》も足もない球体だから生きものには見えない。

しゃぼん玉のようなものは宙にぽわぽわ浮かんで、彼女にまとわりつく。どこから飛んできたのかと思って、あたりを見た。

亡くなった祖父が植えた桜の根元に、それがいくつも浮かんでいる。しゃぼん玉のようなものはまもなく消えたが、なんとなくいいものを見たと思った。

それから数日後、主婦は念願の子宝を授かったという。

冬服のひとびと

糸柳はS神社をでたあと、事故が多発するという交差点へ取材にいった。ガードレールや民家の塀に事故の痕跡はあったものの、怪異に結びつく話は聞けなかった。なんの収穫もないまま夜になり、足にできたマメが痛みだした。

駅までは遠いから、タクシーを拾って宿泊先へむかった。タクシーの運転手は初老の男性で、しきりに話しかけてくる。疲れているだけに眠りたかったが、せっかくだから取材のことを口にすると、

「石巻《いしのまき》で働いてたとき、変なことがあったね」

その夜、男性がタクシーの営業所で休憩していたら、同僚の運転手が駆けこんできて、もうあの道は通んねえだ、と怒ったような口調でいった。

わけを聞くと、その運転手はさっきまで観光客らしい中年男を乗せていた。

「このへんは、なにが美味《おい》しいの？」

「女の子と遊べる店はどこ？」

男はそんな質問を繰りかえした。運転手は適当に答えていたが、横断歩道にさしかかって信号待ちをしていると、男が訊いた。

「きょうは、なんかのお祭り？」

「お祭り？　いまの時期はないですよ」

「じゃあ、なんであんなにひとがいるの」

しかし前方には誰もいない。

「どこにですか」

運転手が振りかえったら、男は窓の外を指さした。

眼をやると、道路脇に何十人ものひとびとが佇んでいて、こっちに手を振っている。そこはタクシー乗り場やバス停ではない。

ひとびとの年齢はさまざまで若者もいれば老人もいるが、暖かい季節だというのにみな季節はずれの冬服を着ている。客の男もそれに気づいたらしく、

「あれ――なんか変だな」

運転手は急いで前をむき、信号が青に変わったとたん、車を急発進させた。

まもなく、なにかが窓にぶつかる音がした。

横を見たら、冬物のコートを着た男がタクシーとならんで走っている。男はすべるように走りながら、拳でコンコンと車の窓を叩く。

「うあーッ」

運転手と客の男は同時に悲鳴をあげた。

コートの男はいつのまにか消えたが、恐怖はおさまらない。タクシーが繁華街の通りに入ったら、客の男は待ちかねたように、

「もうここでいいッ。ここでおりるッ」

運転手に金を押しつけると、釣りも受けとらずに走り去った。

その夜、運転手が冬服のひとびとを見たのは、地震による津波で大きな被害を受けたT城のそばだという。

横切る人影

四月下旬、糸柳は遠方に住む知人の依頼で物件の下見にいった。

ちょうど本書の締切《しめきり》直前で、糸柳とわたしはメールと電話で頻繁にやりとりしていた。原稿は八割かたできあがったが、まだ枚数が足りない。なにか使える話はないかと糸柳に催促していた矢先、さっき不動産会社から電話があったという。

「いまから会わなあかんねん。こっちは大雨やのに」

時刻は朝の八時すぎである。

「だいぶ前から頼まれてたからしゃあないけど、こんなときにマジかと思うた」

駅で待ちあわせた不動産会社の社員は二十代前半の男性だった。男性は現地へむかって車を運転しながら、ケホケホと気まずそうに咳《せ》きこむ。

糸柳は不安に思いつつも場をなごませようと思って、

「風邪ですか。コロナですか」

笑いを含んだ声で訊いた。花粉症です、と彼は答えたが、花粉症ならそんなに咳きこまない気がして、さらに不安がつのった。

やがて現地に着くと、賃貸の一戸建てがならんでいる。知人は建物と周辺の環境を見てきて欲しいといった。糸柳はスマホで写真を撮ったが、建物の内部はともかく、大雨のせいであたりの景色はぼんやり霞《かす》んでいる。

「こんなんじゃ、むだ足や。もととったろうと思うて、怖い話ないか訊いた」

すると不動産会社の男性は、ああ、この前ありました、といった。


その日、男性はS市の中古住宅に客を見学に連れていった。

建物は三階建てで築年数は浅く、新築のようにきれいだった。客は裕福そうな年配の夫婦で、男性は上司とふたりで室内を案内した。

一階のリビングにいたとき、窓の外を人影が横切った。庭に誰かがいるような気がしたが、上司は接客中だけになにもいわなかった。

続いて二階にあがったら、また窓の外を人影が横切った。二階の外に誰かいるはずはないから眼の錯覚かと思った。

ところが三階でも、おなじ現象が起きた。もっとも三階では窓ではなく壁際を人影がよぎった。すこし前かがみのような姿勢がはっきり見えた。

三階の案内を終えて階段をおりかけたときも、壁にちらりと人影が映った。上司もそれが見えたらしく軽くのけぞった。客の夫婦はまったく気づいていない。

そのあと四人は車で営業所にもどり、夫婦はそこで帰った。

男性はずっと人影のことが気になっていたから、上司に訊いた。

「さっきの家、ちらちら人影が見えましたよね」

ああ、あれか、と上司はいって、

「前に住んでた爺さん」

その老人はヒートショックで亡くなったという。

ヒートショックとは急な温度変化で血圧が変動し、心筋梗塞や脳梗塞を起こすことだ。老人は浴室でヒートショックに見舞われたようだが、遺体はだいぶ離れた場所で発見された。

「なにかの発作が起きたから、あわてて移動したんじゃないか」

老人はひとり暮らしだったのか、家族と同居していたのかわからない。

いずれにせよ、変死だから事故物件として告知義務があるが、それをいうと怒られそうな気がして黙っていた。

「もしかしたら、爺さんはまだ移動してるのかもな」

上司がそうつぶやいたのが、いちばん怖かったという。

轟音《ごうおん》

　去年の七月、怪談社のツイッターにWさんという女性からダイレクトメッセージが届いた。その内容に興味を惹《ひ》かれた糸柳は、都内の居酒屋でWさんと会った。彼女はひとり暮らしで医療系の会社に勤めている。

　五年ほど前の暮れだった。

　当時は仕事でもプライベートでも厭なことが続いて、Wさんはひどく落ちこんでいた。会社が正月休みに入って実家に帰ると、両親と大喧嘩になった。原因はささいなことだったが、神経が過敏になっているせいで怒りがおさまらない。

　Wさんは二階にある自分の部屋に駆けこんで、泣きながら酒を呑んだ。

「うちの家族は、あたしが部屋にこもったら、ぜったいでてこないのを知ってるんで誰も呼びにこないんです」

彼女は怒りを鎮めようと、ひたすら呑み続けた。

が、酔うほどに気持はますます沈んでいく。せっかくの正月をひとりですごすのかと思ったら、なにもかも面倒になった。

「もういいや、死のうと思って――」

部屋をでると足音を忍ばせて階段をおり、居間や台所を覗いた。

両親と妹は近所にでかけたようで、どこにもいなかった。急いであたりを物色したら、しめ飾りや門松を束ねるための縄があった。

Wさんは縄で輪っかを作り、それを持って居間にいった。椅子に乗って縄を鴨居《かもい》にかけると、輪っかに首を入れた。

これで椅子を蹴ったら死ねる。

おびえを振り払うように深呼吸したとき、正面にある神棚が眼に止まった。

次の瞬間、ぶるぶるぶるぶるぶるッ、とものすごい音が響いた。

なにかのエンジンを始動したような轟音が神棚のほうから聞こえてくる。どうしてそんな音が聞こえるのか不思議だったが、もうどうでもいい。

早く死ななければ、と焦りが湧いた。

思いきって椅子を蹴飛ばそうとしたら、轟音は一段と大きくなった。

ぶるぶるぶるぶるッ。

耳を聾《ろう》するような轟音が室内に響く。

椅子の上で両脚ががくがく震え、首に縄が喰いこんだ。

そのとき、襖が開いて両親と妹が入ってきた。母と妹が悲鳴をあげ、父が強い力でWさんを抱き止めた。

Wさんは正月休みのあいだじゅう、両親と妹に見張られた。

けれども、もう自殺するつもりはなかった。なぜか霧が晴れたようにすっきりした気分で、失われていた意欲が蘇った。

Wさんはそこまで語ると、糸柳にむかって、

「あたしが聞いた音は、なんだったんでしょう」

糸柳は過去の経験から轟音を発した場所が閃いた。

「居間の隣は、仏間じゃないですか」

「はい、そうです。なんでわかったんですか」

「いや、だいたいそうですから」

昔の民家は居間に仏壇を置くこともあるが、居間の隣に仏間があることが多い。

謎の轟音は、神棚のむこうの仏間から聞こえたのではないかと思った。

「神棚の裏に、なにがあるかわかります？」

と糸柳は訊いた。彼女はそれを思いだそうとしているようで宙に眼をむけた。

「神棚の裏――仏間の壁に遺影を飾ってるんじゃないですか」

「――あります」

Wさんはそう答えてから、うわあッ、と大声をあげた。

仏間の壁には、戦死した曾祖父の遺影が飾ってある。

曾祖父は特攻隊員で戦争末期に出撃し、零戦で敵艦に体当たりしたという。

本書は書下ろしです。

|著者| 福澤徹三　小説家。『黒い百物語』『忌談』『怖の日常』など怪談実話から『真夜中の金魚』『死に金』などアウトロー小説、『灰色の犬』『群青の魚』などの警察小説まで幅広く執筆。2008年『すじぼり』で第10回大藪春彦賞を受賞。『東京難民』は映画化、『白日の鴉《からす》』はドラマ化、『俠飯《おとこめし》』『Ｉターン』はドラマ化・コミカライズされた。他の著書に『作家ごはん』『羊の国の「イリヤ」』などがある。

|著者| 糸柳寿昭　実話怪談師。全国各地で蒐集した実話怪談を書籍の刊行やトークイベントで発表する団体「怪談社」を主宰。単著として『怪談聖 あやしかいわ』があり、怪談社の著作に『恐國百物語』『怪談社RECORD　黄之章』『怪談師の証　呪印』など多数。狩野英孝《かのえいこう》が司会を務めるCS番組「怪談のシーハナ聞かせてよ。」に、本作に登場する怪談社・上間月貴《かみまつきたか》とレギュラー出演中。本書は福澤徹三と共著の『忌み地』の続編となり、『忌み地 惨』に続く。

忌《い》み地《ち》 弐《に》　怪談社奇聞録《かいだんしゃきぶんろく》

福澤徹三《ふくざわてつぞう》｜糸柳寿昭《しゃなとしあき》

2020年７月15日第１刷発行
2023年７月20日第２刷発行

発行者――髙橋明男
発行所――株式会社　講談社
東京都文京区音羽2-12-21　〒112-8001
電話　出版（03）5395-3510
　　　販売（03）5395-5817
　　　業務（03）5395-3615

Printed in Japan

講談社文庫
定価はカバーに
表示してあります

KODANSHA

デザイン―菊地信義
本文データ制作―講談社デジタル製作
印刷―――株式会社KPSプロダクツ
製本―――株式会社国宝社

ISBN978-4-06-520385-9

講談社文庫刊行の辞

二十一世紀の到来を目睫に望みながら、われわれはいま、人類史上かつて例を見ない巨大な転換期をむかえようとしている。

世界も、日本も、激動の予兆に対する期待とおののきを内に蔵して、未知の時代に歩み入ろうとしている。このときにあたり、創業の人野間清治の「ナショナル・エデュケイター」への志を現代に甦らせようと意図して、われわれはここに古今の文芸作品はいうまでもなく、ひろく人文・社会・自然の諸科学から東西の名著を網羅する、新しい綜合文庫の発刊を決意した。

激動の転換期はまた断絶の時代である。われわれは戦後二十五年間の出版文化のありかたへの深い反省をこめて、この断絶の時代にあえて人間的な持続を求めようとする。いたずらに浮薄な商業主義のあだ花を追い求めることなく、長期にわたって良書に生命をあたえようとつとめるところにしか、今後の出版文化の真の繁栄はあり得ないと信じるからである。

同時にわれわれはこの綜合文庫の刊行を通じて、人文・社会・自然の諸科学が、結局人間の学にほかならないことを立証しようと願っている。かつて知識とは、「汝自身を知る」ことにつきていた。現代社会の瑣末な情報の氾濫のなかから、力強い知識の源泉を掘り起し、技術文明のただなかに、生きた人間の姿を復活させること。それこそわれわれの切なる希求である。

われわれは権威に盲従せず、俗流に媚びることなく、渾然一体となって日本の「草の根」をかたちづくる若く新しい世代の人々に、心をこめてこの新しい綜合文庫をおくり届けたい。それは知識の泉であるとともに感受性のふるさとであり、もっとも有機的に組織され、社会に開かれた万人のための大学をめざしている。大方の支援と協力を衷心より切望してやまない。

一九七一年七月

野間省一

藤田宜永　女系の教科書
藤田宜永　血の弔旗
藤田宜永　大雪物語
藤　水名子　紅嵐記（上）（中）（下）
藤原伊織　テロリストのパラソル
藤本ひとみ　新・三銃士　少年編・青年編〈ダルタニャンとミラディ〉
藤本ひとみ　皇妃エリザベート
藤本ひとみ　失楽園のイヴ
藤本ひとみ　密室を開ける手
藤本ひとみ　数学者の夏
福井晴敏　亡国のイージス（上）（下）
福井晴敏　終戦のローレライ　I〜IV
藤原緋沙子　遠花火〈見届け人秋月伊織事件帖〉
藤原緋沙子　春《はる》疾《はや》風《て》〈見届け人秋月伊織事件帖〉
藤原緋沙子　暖《ぬくめ》鳥《どり》〈見届け人秋月伊織事件帖〉
藤原緋沙子　霧の路《みち》〈見届け人秋月伊織事件帖〉
藤原緋沙子　鳴《なる》子《こ》守《もり》〈見届け人秋月伊織事件帖〉
藤原緋沙子　夏ほたる〈見届け人秋月伊織事件帖〉
藤原緋沙子　笛吹川〈見届け人秋月伊織事件帖〉
藤原緋沙子　青《せい》嵐《らん》〈見届け人秋月伊織事件帖〉
椹野道流　亡羊の嘆〈鬼籍通覧〉
椹野道流　新装版　暁天の星〈鬼籍通覧〉
椹野道流　新装版　無《む》明《みょう》の闇〈鬼籍通覧〉
椹野道流　新装版　壺《こ》中《ちゅう》の天〈鬼籍通覧〉
椹野道流　新装版　隻《せき》手《しゅ》の声〈鬼籍通覧〉
椹野道流　新装版　禅《ぜん》定《じょう》の弓〈鬼籍通覧〉
椹野道流　池《ち》魚《ぎょ》の殃《わざわい》〈鬼籍通覧〉
椹野道流　南《なん》柯《か》の夢〈鬼籍通覧〉
深水黎一郎　ミステリー・アリーナ
藤谷　治　花や今宵の
古市憲寿　働き方は「自分」で決める
船瀬俊介　かんたん「1日1食」!!〈万病が治る！　20歳若返る！〉
藤野可織　ピエタとトランジ
古野まほろ　身元不明《ジェーンドウ》〈特殊殺人対策官　箱崎ひかり〉
古野まほろ　陰陽少女
古野まほろ　陰陽少女〈妖刀《ようとう》村正《むらまさ》殺人事件〉
古野まほろ　禁じられたジュリエット
藤崎　翔　時間を止めてみたんだが
藤井邦夫　大江戸閻《えん》魔《ま》帳《ちょう》
藤井邦夫　三つの顔〈大江戸閻魔帳（二）〉
藤井邦夫　渡世人〈大江戸閻魔帳（三）〉
藤井邦夫　笑う女〈大江戸閻魔帳（四）〉
藤井邦夫　罰《ばち》当《あた》り〈大江戸閻魔帳（五）〉
藤井邦夫　福の神〈大江戸閻魔帳（六）〉
藤井邦夫　野暮天〈大江戸閻魔帳（七）〉
福澤徹三　糸《し》柳《や》寿《とし》昭《あき》　忌《い》み地〈怪談社奇聞録〉
福澤徹三　糸柳寿昭　忌み地　弐〈怪談社奇聞録〉
福澤徹三　糸柳寿昭　忌み地　惨〈怪談社奇聞録〉
福澤徹三　作家ごはん
藤井太洋　ハロー・ワールド
藤野嘉子　60歳からは「小さくする」暮らし〈生き方がラクになる〉
富良野　馨《かおる》　この季節が嘘だとしても
辺見　庸　抵抗論
星　新一　エヌ氏の遊園地
星　新一編　ショートショートの広場　①〜⑨
本田靖春　不当逮捕
保阪正康　昭和史　七つの謎

堀江敏幸 熊の敷石
本格ミステリ作家クラブ編 ベスト本格ミステリTOP5〈短編傑作選002〉
本格ミステリ作家クラブ編 ベスト本格ミステリTOP5〈短編傑作選003〉
本格ミステリ作家クラブ編 ベスト本格ミステリTOP5〈短編傑作選004〉
本格ミステリ作家クラブ選・編 本格王2019
本格ミステリ作家クラブ選・編 本格王2020
本格ミステリ作家クラブ選・編 本格王2021
本格ミステリ作家クラブ選・編 本格王2022
本格ミステリ作家クラブ選・編 本格王2023
本多孝好 君の隣に
本多孝好 チェーン・ポイズン〈新装版〉
穂村弘 整形前夜
穂村弘 ぼくの短歌ノート
穂村弘 野良猫を尊敬した日
堀川アサコ 幻想郵便局
堀川アサコ 幻想映画館
堀川アサコ 幻想日記店
堀川アサコ 幻想探偵社
堀川アサコ 幻想温泉郷

堀川アサコ 幻想短編集
堀川アサコ 幻想寝台車
堀川アサコ 幻想蒸気船
堀川アサコ 幻想商店街
堀川アサコ 幻想遊園地
堀川アサコ 魔法使ひ
堀川アサコ メゲるときも、すこやかなるときも
本城雅人 境界〈横浜中華街・潜伏捜査〉
本城雅人 スカウト・デイズ
本城雅人 スカウト・バトル
本城雅人 嗤うエース
本城雅人 贅沢のススメ
本城雅人 誉れ高き勇敢なブルーよ
本城雅人 シューメーカーの足音
本城雅人 ミッドナイト・ジャーナル
本城雅人 紙の城
本城雅人 監督の問題
本城雅人 去り際のアーチ〈もう一打席!〉
本城雅人 時代

本城雅人 オールドタイムズ
堀川惠子 裁かれた命〈死刑囚から届いた手紙〉
堀川惠子 死刑の基準〈「永山裁判」が遺したもの〉
堀川惠子 永山則夫〈封印された鑑定記録〉
堀川惠子 教誨師
堀川惠子 戦禍に生きた演劇人たち〈演出家・八田元夫と「桜隊」の悲劇〉
堀川惠子 小笠原信之 チンチン電車と女学生〈1945年8月6日・ヒロシマ〉
誉田哲也 Qros《キュロス》の女
松本清張 草の陰刻
松本清張 黄色い風土
松本清張 黒い樹海
松本清張 ガラスの城
松本清張 殺人行おくのほそ道(上)(下)
松本清張 邪馬台国 清張通史①
松本清張 空白の世紀 清張通史②
松本清張 カミと青銅の迷路 清張通史③
松本清張 天皇と豪族 清張通史④
松本清張 壬申の乱 清張通史⑤
松本清張 古代の終焉 清張通史⑥

講談社文庫　目録

講談社文庫　目録

宮城谷昌光　湖底の城　九〈呉越春秋〉
宮城谷昌光　俠骨記〈新装版〉
水木しげる　コミック昭和史1〈関東大震災～満州事変〉
水木しげる　コミック昭和史2〈満州事変～日中全面戦争〉
水木しげる　コミック昭和史3〈日中全面戦争～太平洋戦争開始〉
水木しげる　コミック昭和史4〈太平洋戦争前半〉
水木しげる　コミック昭和史5〈太平洋戦争後半〉
水木しげる　コミック昭和史6〈終戦から朝鮮戦争〉
水木しげる　コミック昭和史7〈講和から復興〉
水木しげる　コミック昭和史8〈高度成長以降〉
水木しげる　敗走記
水木しげる　白い旗
水木しげる　姑《クー》娘《ニャン》
水木しげる　決定版　日本妖怪大全〈妖怪・あの世・神様〉
水木しげる　ほんまにオレはアホやろか
水木しげる　総員玉砕せよ！〈新装完全版〉
宮部みゆき　新装版　震える岩〈霊験お初捕物控〉
宮部みゆき　新装版　天狗風〈霊験お初捕物控〉
宮部みゆき　ICO《イコ》―霧の城―(上)(下)

宮部みゆき　ぼんくら(上)(下)
宮部みゆき　新装版　日暮らし(上)(下)
宮部みゆき　おまえさん(上)(下)
宮部みゆき　小暮写眞館(上)(下)
宮部みゆき　ステップファザー・ステップ〈新装版〉
宮子あずさ　看護婦が見つめた人間が死ぬということ
宮本昌孝　家康、死す(上)(下)
三津田信三　忌《い》館《かん》〈ホラー作家の棲む家〉
三津田信三　作者不詳〈ミステリ作家の読む本〉(上)(下)
三津田信三　蛇《じゃ》棺《かん》葬《そう》
三津田信三　百《ひゃく》蛇《じゃ》堂《どう》〈怪談作家の語る話〉
三津田信三　厭魅《まじもの》の如き憑くもの
三津田信三　凶鳥《まがとり》の如き忌むもの
三津田信三　首無《くびなし》の如き祟るもの
三津田信三　山魔《やまんま》の如き嗤《わら》うもの
三津田信三　水魑《みづち》の如き沈むもの
三津田信三　密室《ひめむろ》の如き籠《こも》るもの
三津田信三　生霊《いきだま》の如き重《だぶ》るもの
三津田信三　幽女《ゆうじょ》の如き怨むもの

三津田信三　碆霊《はえだま》の如き祀るもの
三津田信三　魔偶《まぐう》の如き齎《もたら》すもの
三津田信三　シェルター　終末の殺人
三津田信三　ついてくるもの
三津田信三　誰かの家
三津田信三　忌《い》物《ぶつ》堂《どう》鬼《き》談《だん》
道尾秀介　カラスの親指〈by rule of CROW's thumb〉
道尾秀介　カエルの小指〈a murder of crows〉
道尾秀介　水の柩
深《み》木《き》章《あき》子《こ》　鬼畜の家
湊かなえ　リバース
宮内悠介　彼女がエスパーだったころ
宮内悠介　偶然の聖地
宮乃《みやの》崎桜子《さきさくらこ》　綺《き》羅《ら》の皇女《ひめみこ》(1)
宮乃崎桜子　綺羅の皇女(2)
三國青葉　損料屋見鬼《けんき》控え　1
三國青葉　損料屋見鬼控え　2
三國青葉　損料屋見鬼控え　3
三國青葉　福猫屋〈お佐和のねこだすけ〉

講談社文庫　目録

講談社文庫　目録

森 博嗣　冷たい密室と博士たち〈DOCTORS IN ISOLATED ROOM〉
森 博嗣　笑わない数学者〈MATHEMATICAL GOODBYE〉
森 博嗣　詩的私的ジャック〈JACK THE POETICAL PRIVATE〉
森 博嗣　封印再度〈WHO INSIDE〉
森 博嗣　幻惑の死と使途〈ILLUSION ACTS LIKE MAGIC〉
森 博嗣　夏のレプリカ〈REPLACEABLE SUMMER〉
森 博嗣　今はもうない〈SWITCH BACK〉
森 博嗣　数奇にして模型〈NUMERICAL MODELS〉
森 博嗣　有限と微小のパン〈THE PERFECT OUTSIDER〉
森 博嗣　黒猫の三角〈Delta in the Darkness〉
森 博嗣　人形式モナリザ〈Shape of Things Human〉
森 博嗣　月は幽咽のデバイス〈The Sound Walks When the Moon Talks〉
森 博嗣　夢・出逢い・魔性〈You May Die in My Show〉
森 博嗣　魔剣天翔〈Cockpit on knife Edge〉
森 博嗣　恋恋蓮歩の演習〈A Sea of Deceits〉
森 博嗣　六人の超音波科学者〈Six Supersonic Scientists〉
森 博嗣　捩れ屋敷の利鈍〈The Riddle in Torsional Nest〉
森 博嗣　朽ちる散る落ちる〈Rot off and Drop away〉
森 博嗣　赤緑黒白〈Red Green Black and White〉

森 博嗣　四季　春～冬
森 博嗣　φ《ファイ》は壊れたね〈PATH CONNECTED φ BROKE〉
森 博嗣　θ《シータ》は遊んでくれたよ〈ANOTHER PLAYMATE θ〉
森 博嗣　τ《タウ》になるまで待って〈PLEASE STAY UNTIL τ〉
森 博嗣　ε《イプシロン》に誓って〈SWEARING ON SOLEMN ε〉
森 博嗣　λ《ラムダ》に歯がない〈λ HAS NO TEETH〉
森 博嗣　η《イータ》なのに夢のよう〈DREAMILY IN SPITE OF η〉
森 博嗣　目薬α《アルファ》で殺菌します〈DISINFECTANT α FOR THE EYES〉
森 博嗣　ジグβ《ベータ》は神ですか〈JIG β KNOWS HEAVEN〉
森 博嗣　キウイγ《ガンマ》は時計仕掛け〈KIWI γ IN CLOCKWORK〉
森 博嗣　χ《カイ》の悲劇〈THE TRAGEDY OF χ〉
森 博嗣　ψ《プサイ》の悲劇〈THE TRAGEDY OF ψ〉
森 博嗣　イナイ×イナイ〈PEEKABOO〉
森 博嗣　キラレ×キラレ〈CUTTHROAT〉
森 博嗣　タカイ×タカイ〈CRUCIFIXION〉
森 博嗣　ムカシ×ムカシ〈REMINISCENCE〉
森 博嗣　サイタ×サイタ〈EXPLOSIVE〉
森 博嗣　ダマシ×ダマシ〈SWINDLER〉
森 博嗣　女王の百年密室〈GOD SAVE THE QUEEN〉

森 博嗣　迷宮百年の睡魔〈LABYRINTH IN ARM OF MORPHEUS〉
森 博嗣　赤目姫の潮解〈LADY SCARLET EYES AND HER DELIQUESCENCE〉
森 博嗣　まどろみ消去〈MISSING UNDER THE MISTLETOE〉
森 博嗣　地球儀のスライス〈A SLICE OF TERRESTRIAL GLOBE〉
森 博嗣　レタス・フライ〈Lettuce Fry〉
森 博嗣　僕は秋子に借りがある I'm in Debt to Akiko〈森博嗣自選短編集〉
森 博嗣　どちらかが魔女 Which is the Witch?〈森博嗣シリーズ短編集〉
森 博嗣　喜嶋先生の静かな世界〈The Silent World of Dr.Kishima〉
森 博嗣　そして二人だけになった〈Until Death Do Us Part〉
森 博嗣　つぶやきのクリーム〈The cream of the notes〉
森 博嗣　ツンドラモンスーン〈The cream of the notes 4〉
森 博嗣　つぼみ茸《きのこ》ムース〈The cream of the notes 5〉
森 博嗣　つぶさにミルフィーユ〈The cream of the notes 6〉
森 博嗣　月夜のサラサーテ〈The cream of the notes 7〉
森 博嗣　つんつんブラザーズ〈The cream of the notes 8〉
森 博嗣　ツベルクリンムーチョ〈The cream of the notes 9〉
森 博嗣　追懐のコヨーテ〈The cream of the notes 10〉
森 博嗣　積み木シンドローム〈The cream of the notes 11〉
森 博嗣　カクレカラクリ〈An Automaton in Long Sleep〉

森　博嗣　DOG&DOLL
森　博嗣　森には森の風が吹く〈My wind blows in my forest〉
森　博嗣　アンチ整理術〈Anti-Organizing Life〉
萩尾望都　森博嗣 原作　トーマの心臓〈Lost heart for Thoma〉
諸田玲子　森家の討ち入り
森　達也　すべての戦争は自衛から始まる
本谷有希子　腑抜けども、悲しみの愛を見せろ
本谷有希子　江利子と絶対〈本谷有希子文学大全集〉
本谷有希子　あの子の考えることは変
本谷有希子　嵐のピクニック
本谷有希子　自分を好きになる方法
本谷有希子　異類婚姻譚
本谷有希子　静かに、ねぇ、静かに
茂木健一郎　「赤毛のアン」に学ぶ幸福《しあわせ》になる方法
森林原人　セックス幸福論〈偏差値78のAV男優が考える〉
桃戸ハル編・著　5分後に意外な結末〈ベスト・セレクション〉
桃戸ハル編・著　5分後に意外な結末〈ベスト・セレクション　黒の巻・白の巻〉
桃戸ハル編・著　5分後に意外な結末〈ベスト・セレクション　心震える赤の巻〉
桃戸ハル編・著　5分後に意外な結末〈ベスト・セレクション　心弾ける橙の巻〉

森　功　高倉健〈隠し続けた七つの顔と「謎の養女」〉
森　功　地面師〈他人の土地を売り飛ばす闇の詐欺集団〉
望月麻衣　京都船岡山アストロロジー
望月麻衣　京都船岡山アストロロジー2〈星と創作のアンサンブル〉
山田風太郎　甲賀忍法帖〈山田風太郎忍法帖①〉
山田風太郎　伊賀忍法帖〈山田風太郎忍法帖③〉
山田風太郎　忍法八犬伝〈山田風太郎忍法帖④〉
山田風太郎　風来忍法帖〈山田風太郎忍法帖⑪〉
山田風太郎　新装版 戦中派不戦日記
山田正紀　大江戸ミッション・インポッシブル〈顔役を消せ〉
山田正紀　大江戸ミッション・インポッシブル〈幽霊船を奪え〉
山田詠美　晩年の子供
山田詠美　A《エイ》2《トゥ》Z《ズィ》
山田詠美　珠玉の短編
柳家小三治　ま・く・ら
柳家小三治　もひとつま・く・ら
柳家小三治　バ・イ・ク
山口雅也　落語魅《ミ》捨《ステ》理《リ》全集〈坊主の愉しみ〉
山本一力　深川黄表紙掛取り帖

山本一力　牡丹酒〈深川黄表紙掛取り帖(二)〉
山本一力　ジョン・マン1 波濤編
山本一力　ジョン・マン2 大洋編
山本一力　ジョン・マン3 望郷編
山本一力　ジョン・マン4 青雲編
山本一力　ジョン・マン5 立志編
椰月美智子　十二歳
椰月美智子　しずかな日々
椰月美智子　ガミガミ女とスーダラ男
椰月美智子　恋愛小説
柳　広司　キング&クイーン
柳　広司　怪談
柳　広司　ナイト&シャドウ
柳　広司　幻影城市
柳　広司　風神雷神(上)(下)
薬丸　岳　闇の底
薬丸　岳　虚夢
薬丸　岳　刑事のまなざし
薬丸　岳　逃走

講談社文庫 目録

薬丸 岳 ハードラック
薬丸 岳 その鏡は嘘をつく
薬丸 岳 刑事の約束
薬丸 岳 Aではない君と
薬丸 岳 ガーディアン
薬丸 岳 刑事の怒り
薬丸 岳 天使のナイフ〈新装版〉
薬丸 岳 告 解
山崎ナオコーラ 可愛い世の中
矢月秀作 A《ア》C《ク》T《ト》〈警視庁特別潜入捜査班〉
矢月秀作 A《ア》C《ク》T《ト》2 告発者〈警視庁特別潜入捜査班〉
矢月秀作 A《ア》C《ク》T《ト》3 掠奪〈警視庁特別潜入捜査班〉
矢野 隆 我が名は秀秋
矢野 隆 戦《いくさ》始末
矢野 隆 乱
矢野 隆 長篠の戦い〈戦百景〉
矢野 隆 桶狭間の戦い〈戦百景〉
矢野 隆 関ヶ原の戦い〈戦百景〉
矢野 隆 川中島の戦い〈戦百景〉

矢野 隆 本能寺の変〈戦百景〉
矢野 隆 山崎の戦い〈戦百景〉
山内マリコ かわいい結婚
山本周五郎 さ ぶ〈山本周五郎コレクション〉
山本周五郎 白石城死守〈山本周五郎コレクション〉
山本周五郎 完全版 日本婦道記(上)(下)〈山本周五郎コレクション〉
山本周五郎 戦国武士道物語 死處《しょ》〈山本周五郎コレクション〉
山本周五郎 戦国物語 信長と家康〈山本周五郎コレクション〉
山本周五郎 幕末物語 失蝶記〈山本周五郎コレクション〉
山本周五郎 逃亡記 時代ミステリ傑作選〈山本周五郎コレクション〉
山本周五郎 家族物語 おもかげ抄〈山本周五郎コレクション〉
山本周五郎 繁《しげ》 あ ね〈美しい女たちの物語〉
山本周五郎 雨 あ が る〈映画化作品集〉
柳田理科雄 スター・ウォーズ 空想科学読本
柳田理科雄 MARVEL マーベル空想科学読本
靖子靖史 空《くう》色《しき》カンバス〈瑞空寺《ずいくうじ》凸凹《でこぼこ》縁起《えんぎ》〉
安本由佳 山本理沙 不機嫌な婚活
山中伸弥 平尾誠二・惠子 友 情〈平尾誠二と山中伸弥「最後の約束」〉
山手樹一郎 夢介千両みやげ(上)(下)〈完全版〉

山口仲美 すらすら読める枕草子
夢枕 獏 大江戸釣客伝(上)(下)
夢枕 獏 大江戸《おおえど》火龍《かりゅう》改《あらため》
唯川 恵 雨 心 中
行成 薫 ヒーローの選択
行成 薫 バイバイ・バディ
行成 薫 スパイの妻
柚月裕子 合理的にあり得ない〈上水流《かみづる》涼子《りょうこ》の解明〉
夕木春央 絞《こう》首《しゅ》商《しょう》會《かい》
吉村 昭 私の好きな悪い癖
吉村 昭 吉村昭の平家物語
吉村 昭 暁の旅人
吉村 昭 新装版 白い航跡(上)(下)
吉村 昭 新装版 海も暮れきる
吉村 昭 新装版 間宮林蔵
吉村 昭 新装版 赤い人
吉村 昭 新装版 落日の宴(上)(下)
吉村 昭 白い遠景
横尾忠則 言葉を離れる

講談社文庫 目録

2023年6月15日現在